LA PROCURE
Société coopérative
NAMUR
14, Boulevard Mélot

1. — Les chutes du Niagara. — La rivière Niagara se précipite d'une hauteur de 50 mètres et forme les célèbres chutes que l'île de la Chèvre divise en deux parties inégales. La chute américaine, de 305 mètres de large, est située à gauche de l'image ; la chute canadienne, de 793 mètres de large, est à droite : elle est courbée en demi-cercle, c'est pourquoi on l'appelle aussi la chute du Fer à cheval.

2. — Québec et le Saint-Laurent. — Le vieux Québec est bâti sur un promontoire qui domine le Saint-Laurent de plus de 100 m. De la terrasse qui borde le promontoire sur le fleuve, et qui supporte en cet endroit le château de Frontenac, que représente l'image, on a une vue très étendue. La ville moderne et commerçante occupe la rive gauche du Saint-Laurent, au pied du promontoire.

3. — Les gratte-ciel de New-York sont des édifices de plusieurs dizaines d'étages que bâtissent les Américains par goût du colossal. Le plus élevé qui existe, celui de gauche de l'image, a 239 mètres de hauteur et 56 étages ; il est aménagé pour 10.000 personnes. Celui du milieu a 233 mètres de hauteur et 50 étages ; celui de droite, 100 mètres et 20 étages.

4. — Les parcs à bestiaux de Chicago. — C'est par dizaines de mille qu'arrivent à Chicago, tous les jours, les bêtes destinées à ses abattoirs. Pour les reposer avant de les envoyer à l'usine, on les entasse, pendant quelques jours, dans d'immenses parcs qui renferment des centaines d'étables et un nombre considérable d'enclos palissadés. Ces parcs peuvent loger plus de cent mille bêtes.

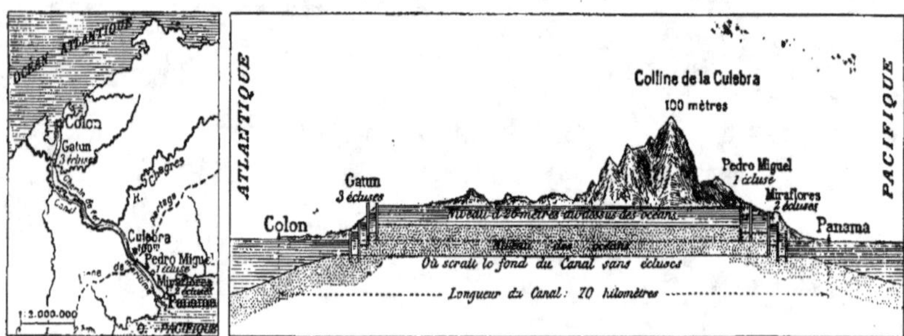

5. — Le Canal de Panama.

Ce canal maritime a 60 mètres de largeur au fond, et 12 m. 30 de profondeur. Toute la partie moyenne est à 26 mètres au-dessus des Océans ; cette différence de niveau est corrigée par six écluses de 300 mètres de long sur 33 mètres de large.

LA GÉOGRAPHIE
PAR L'IMAGE ET LA CARTE

A l'usage du Troisième Degré des Écoles primaires,

et des Sections Préparatoires de l'Enseignement moyen

PAR

UNE RÉUNION DE PROFESSEURS

LA PROCURE

SOCIÉTÉ COOPÉRATIVE

14, Boulevard Mélot, 14

NAMUR

Propriété

AVERTISSEMENT

TABLE DES MATIÈRES

1ʳᵉ Leçon. — L'UNIVERS

1. — Distances et grandeurs comparées.

Une prune de 25 mm. de diamètre, placée à 75 cm. d'un petit pois de 7 mm. de diamètre, et à 291 mètres d'un arbuste en boule de 2 m. 70 de diamètre, représente les volumes et les distances de la Terre à la Lune et au Soleil avec des proportions 500 millions de fois plus petites.

Exercice d'observation. — *1. Lisez la légende placée sous la 1ʳᵉ image. — 2. Des trois corps célestes : le Soleil, la Terre et la Lune, quel est le plus volumineux ? — Quel est le plus petit ? — 3. La Terre et la Lune sont-elles assez éloignées pour que le Soleil puisse passer entre ces deux astres ? — 4. Lisez la légende placée sous la 2ᵉ image. — 5. Comment s'appelle cette voûte qui semble s'étendre au-dessus de nos têtes ? — 6. Que voit-on sur cette voûte pendant le jour? — ...pendant la nuit, quand le temps est clair ? — 7. Quelle est l'Étoile qui paraît toujours conserver la même place dans le ciel ? — 8. De quel côté est l'Étoile polaire par rapport à la classe ?*

Texte. — **1. Objet de la Géographie.** — La Géographie est la description de la Terre. Elle étudie sa position dans l'univers, sa forme et ses dimensions, sa composition et tout ce qui se trouve à sa surface : plaines et montagnes, fleuves et mers, plantes et animaux, pays et peuples.

2. Astres. — Les astres, ou corps célestes, sont des masses, à peu près sphériques, qui se meuvent dans l'espace indéfini appelé ciel.

Le ciel est sans bornes connues, mais il paraît s'étendre comme une voûte au-dessus de nos têtes.

Il y a **deux sortes d'astres** : les uns, comme le Soleil et les étoiles, brillent par eux-mêmes ; les autres, comme la Terre et la Lune, reçoivent leur lumière du Soleil.

L'univers est l'ensemble des astres et de l'espace dans lequel ils se meuvent.

3. Soleil. — Le Soleil est un immense globe de feu qui éclaire et échauffe la Terre et la Lune. Il est 1.300.000 fois plus gros que la Terre dont il est éloigné de 150 millions de kilomètres.

4. Étoiles. — Les étoiles sont des astres lumineux comme le Soleil. Leur volume est immense, mais leur prodigieux éloignement nous les fait paraître comme de simples points brillants.

Il y a des millions d'étoiles. Pour se reconnaître dans cette immense multitude, on a divisé les étoiles en groupes appelés **constellations**.

2. — Le Ciel et les Astres.

Le ciel, ou l'espace, paraît s'étendre comme une voûte au-dessus de nos têtes. Sur cette voûte, on voit le Soleil durant le jour, la Lune et les étoiles pendant la nuit. L'Étoile polaire paraît conserver toujours la même place dans le ciel, tandis que les autres étoiles semblent tourner autour d'elle.

La Grande Ourse et la Petite Ourse sont des constellations formées chacune de sept étoiles.

L'**Étoile polaire** est une étoile qu'on voit toujours à la même place dans le ciel, alors que les autres étoiles semblent tourner autour d'elle. Elle fait partie de la constellation de la Petite Ourse.

Questionnaire — *1. Qu'est-ce que la Géographie ? — Qu'étudie-t-elle ? — 2. Qu'est-ce que les astres ? — Le Ciel est-il bien étendu ? — Comment nous paraît-il ? — Combien y a-t-il de sortes d'astres ? — Nommez-les. — Qu'est-ce que l'Univers ? — 3. Qu'est-ce que le Soleil ? — Quelle est sa grosseur comparée à celle de la Terre ? — De combien de kilomètres est-il éloigné de la Terre? — 4. Qu'est-ce que les étoiles ? — Y a-t-il beaucoup d'étoiles ? — Qu'a-t-on fait pour se reconnaître dans cette immense multitude d'étoiles ? — Nommez deux constellations. — Qu'est-ce que l'Étoile polaire ? — De quelle constellation fait-elle partie ?*

Devoir écrit. — *1. Répondez par écrit aux questions 2, 3, 6 et 7 de l'exercice d'observation.*

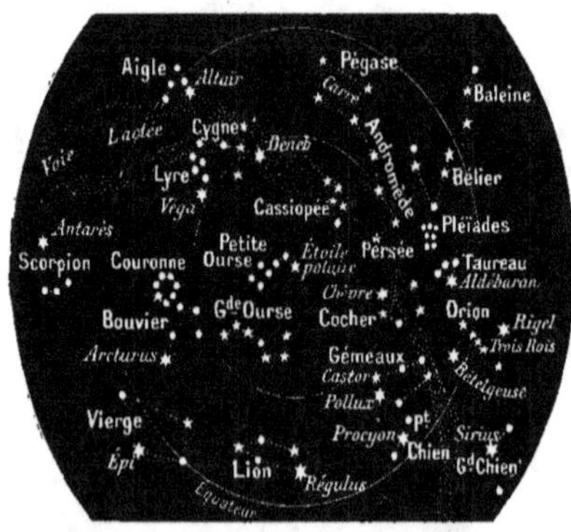

3. Principales constellations visibles en Belgique.

2e Leçon. — LA TERRE ET LA LUNE

1. — La Lune vue de la Terre. La Terre vue de la Lune.

2. — L'Horizon.

Si nous étions sur la Lune, la Terre nous apparaîtrait dans le ciel, ronde et brillante comme nous y voyons la Lune, mais beaucoup plus volumineuse. Nous constaterions que la Lune a des montagnes circulaires semblables aux cratères de nos volcans.

Exercice d'observation. — *1. Lisez la légende placée sous la première image. — 2. Si nous étions sur la Lune, comment verrions-nous la Terre ? — 3. Lisez la légende placée sous la 2e image. — 4. Pourquoi ne peut-on voir à la fois qu'une petite partie de la surface de la Terre ? — 5. Comment appelle-t-on ce cercle qui borne notre vue au loin ? — ...celui où le ciel semble poser sur la Terre ? — 6. Que devient l'horizon lorsqu'on s'élève ? — 7. Quels sont les mouvements de la toupie représentée dans la 3e image ? — 8. Toute la toupie est-elle éclairée à la fois ? — 9. Quelle est la partie éclairée ? — 10. Que représente la toupie tournant sur elle-même et autour de la bougie ? — 11. Lisez les noms écrits sur la 4e image et la légende placée au-dessous. — 12. Même exercice pour la 5e image. — 13. Nommez les deux mois pendant lesquels les deux pôles sont également exposés au soleil. — 14. Quel est le pôle le plus tourné vers le soleil en été ? — ...en hiver ? — 15. Lisez les noms écrits sur la 6e image et la légende placée au-dessous. — 16. Même exercice pour la 7e et la 8e image.*

Texte. — **1. Forme de la Terre.** — La Terre est ronde comme une boule. On peut en faire le tour, de même qu'une fourmi fait le tour d'une orange.

C'est parce que la Terre est ronde qu'on ne peut voir à la fois qu'une petite partie de sa surface. La ligne ou le cercle qui borne notre vue au loin est appelé *horizon* ; c'est sur cette ligne que la voûte du ciel semble poser ; à mesure que l'on s'élève, l'horizon s'élargit.

L'horizon est le cercle qui borne notre vue au loin, et semble réunir le ciel et la terre ; il est formé par la courbure de la Terre ; il recule à mesure qu'on avance et s'élargit à mesure qu'on s'élève.

La Terre n'a aucun appui, elle se soutient et se meut dans l'espace comme un ballon dans l'air.

2. Ses dimensions. — La Terre a 40.000 kilomètres de tour : c'est-à-dire 150 fois la distance à vol d'oiseau d'Ostende à Arlon.

Sa surface est environ 18.000 fois celle de la Belgique.

3. Ses mouvements. — La Terre n'est pas immobile : elle a deux mouvements réels qui correspondent aux deux mouvements apparents du soleil.

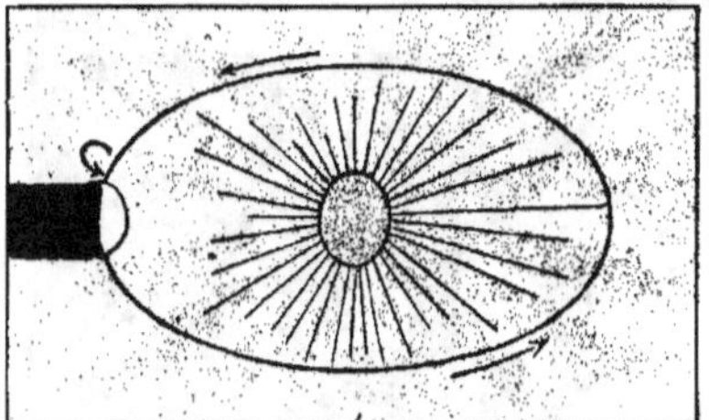

3. — Une toupie qui tourne en même temps sur elle-même et autour d'une bougie, représente la Terre tournant sur elle-même et autour du Soleil.

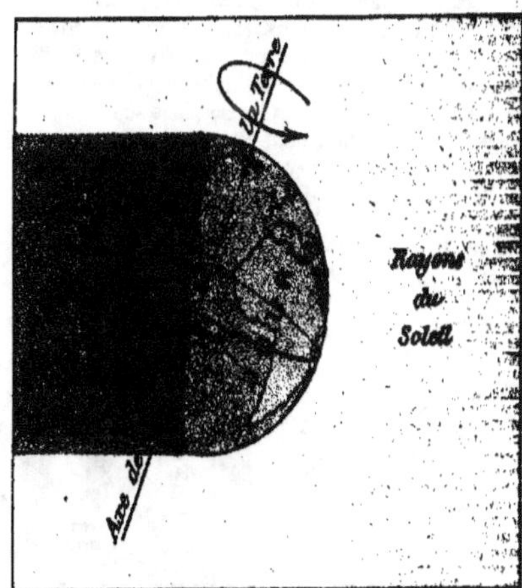

4. — La Terre est éclairée par les rayons du Soleil. Dans la partie tournée vers le Soleil, il fait jour ; dans la partie opposée, il fait nuit.

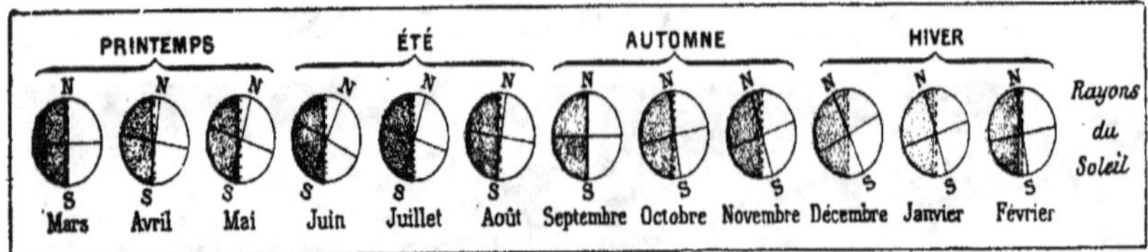

5. — Position de la Terre, par rapport au Soleil, au 21 ou 22 de chaque mois.

1° Le Soleil semble faire, tous les jours, le tour de la Terre de l'Est à l'Ouest : en réalité, c'est la Terre qui tourne sur elle-même de l'Ouest à l'Est, en un *jour* de 24 heures.

2° Le Soleil semble se déplacer dans le ciel par rapport aux étoiles : en réalité, c'est la Terre qui tourne autour du Soleil en une *année* de 365 jours. Une toupie tournant sur sa pointe et autour d'une bougie représente ces deux mouvements de la Terre.

4. Son mouvement sur elle-même. — Le mouvement de la Terre sur elle-même produit la succession du jour et de la nuit, car dans ce mouvement, tous les points de la surface de la Terre viennent successivement en face du soleil. Il fait *jour* sur la moitié éclairée, et il fait *nuit* sur l'autre moitié.

L'axe de la Terre est la ligne imaginaire autour de laquelle la Terre tourne sur elle-même.

Les pôles sont les deux points opposés où l'axe perce la surface de la Terre.

Le pôle nord est tourné vers l'Étoile polaire ; le pôle sud est à l'opposé.

5. Son mouvement autour du Soleil. — Le mouvement de la Terre autour du Soleil produit l'inégalité des jours et des nuits et la succession des saisons, car dans ce mouvement, la Terre expose au Soleil tantôt l'hémisphère nord, tantôt l'hémisphère sud.

Il y a **quatre saisons** : le printemps, l'été, l'automne et l'hiver.

Au **printemps** et en **automne**, les deux hémisphères sont à peu près également tournés vers le Soleil, les jours sont presque égaux aux nuits, et la chaleur est douce.

En **été**, l'hémisphère nord est tourné vers le Soleil, les jours sont plus longs que les nuits et la chaleur est forte. Le contraire a lieu dans l'hémisphère sud.

En **hiver**, l'hémisphère nord est tourné à l'opposé du Soleil, les jours sont plus courts que les nuits, et il fait froid. Le contraire a lieu dans l'hémisphère sud.

Chaque saison comprend trois mois :

Mars, Avril, Mai, pour le *Printemps* ;
Juin, Juillet, Août, pour l'*Été* ;
Septembre, Octobre, Novembre, pour l'*Automne* ;
Décembre, Janvier, Février, pour l'*Hiver*.

6. Lune. — La Lune est un astre, comme la Terre, mais elle est plus petite. Elle nous paraît aussi grosse que le Soleil parce qu'elle est beaucoup moins éloignée de nous.

Le diamètre de la Lune n'est que le quart environ de celui de la Terre, tandis que le diamètre du Soleil égale 109 fois celui de la terre. La distance de la Lune à la Terre égale 30 diamètres terrestres ; celle du Soleil à la Terre est de 11.700 diamètres terrestres.

La Lune nous éclaire pendant la nuit en nous renvoyant la lumière qu'elle reçoit du Soleil.

Les phases de la Lune sont les divers aspects qu'elle présente à notre vue.

Les principales phases sont :
La Nouvelle Lune (*un cercle obscur*) ;
Le Premier Quartier (*un demi-cercle éclairé, en forme de* D);
La Pleine Lune (*un cercle éclairé en entier*) ;
Le Dernier Quartier (*un demi-cercle éclairé en forme de* C).

Questionnaire. — **1.** Quelle est la forme de la Terre ? — Quelle preuve a-t-on de cette forme ? — Qu'est-ce que l'horizon ? Par quoi est-il formé ? — Quand est-ce qu'il s'élargit ? — La Terre a-t-elle un appui ? — **2.** Combien la Terre a-t-elle de kilomètres de tour ? Combien cela fait-il de fois la distance d'Ostende à Arlon ? — Quelle est l'étendue de la Terre comparée à la Belgique ? — **3.** La Terre est-elle immobile ? — Quels sont ses mouvements ? — **4.** Que produit le mouvement de la Terre sur elle-même ? — Pourquoi ? — Qu'est-ce que l'axe de la Terre ? — ...les pôles ? — Quels sont-ils ? — **5.** Que produit le mouvement de la Terre autour du Soleil ? Pourquoi ? — Combien y a-t-il de saisons ? Nommez-les. — Quelle est la position des hémisphères par rapport au Soleil, la durée des jours et des nuits, et la chaleur : au printemps et en automne ? — ...en été ? — ...en hiver ? — Combien chaque saison comprend-elle de mois ? — Nommez-les par saison. — **6.** Qu'est-ce que la Lune? — Pourquoi nous paraît-elle aussi grosse que le Soleil ? — Quels sont les diamètres de la Lune et du Soleil comparés à celui de la Terre ? — Quelles sont les distances de la Terre à la Lune et au Soleil en diamètres terrestres ? — Comment la Lune nous éclaire-t-elle pendant la nuit ? — Pourquoi nous apparaît-elle sous différents aspects ? — Qu'est-ce que les phases de la Lune ? — Quelles sont les principales ?

Devoir écrit. — *En représentant la Terre par une bille d'un centimètre de diamètre :* 1° *quel serait le diamètre des objets qui représenteraient la Lune et le Soleil ?* — 2° *à quelle distance de la bille faudrait-il placer ces objets ?*

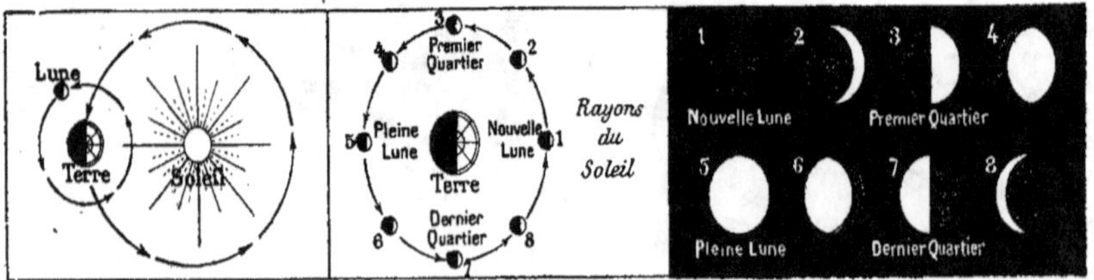

6. — Positions du Soleil, de la Terre et de la Lune comme on les verrait de l'Étoile polaire.

7. — Différentes positions de la Lune par rapport à la Terre et aux rayons solaires, comme on les verrait de l'Étoile polaire.

8. — Huit phases de la Lune, telles qu'on les voit de la Terre. (Les numéros de cette gravure correspondent à ceux de la précédente.)

3e Leçon. — COMMENT SE DIRIGER SUR LA TERRE ?

1. — On s'oriente pendant le jour au moyen du Soleil, pendant la nuit au moyen de l'Étoile polaire, et en tout temps au moyen de la Boussole.

Exercice d'observation. — 1. *Lisez la légende placée sous la 1re image. — 2. Dans les deux parties de cette image, quel point de l'horizon l'enfant a-t-il devant lui ? — ...derrière lui ? — ...à sa droite ? — ...à sa gauche ? — 3. Qu'est-ce qui indique la direction de l'Ouest dans la partie gauche de l'image ? — ...la direction du Nord dans la partie droite ? — 4. De quel côté de la classe voit-on l'Étoile polaire pendant la nuit ? — 5. Par rapport à la classe, où se trouve le Soleil à son lever ? — ...à midi ? — ...à son coucher ? — 6. Lisez les mots écrits sur la 4e image et la légende placée au-dessous. — 7. Que représente cette orange et l'aiguille qui la traverse ? — 8. Que tracent les couteaux en découpant l'orange dans la figure d'en haut ?...et dans celle d'en bas ? — 9. Lisez les mots écrits sur la 3e image et la légende placée au-dessous. — 10. Pourquoi l'Équateur et les parallèles sont-ils ainsi appelés? — 11. Lisez les mots écrits sur la 5e image et la légende placée au-dessous. — 12. Pourquoi les méridiens sont-ils ainsi appelés ? — 13. Lisez les mots écrits sur la 6e image.*

Texte. — **1. Moyens de se diriger sur la Terre.** — Pour se diriger sur l'immense surface de la Terre on se sert des points cardinaux et des cercles de la sphère.

2. Points cardinaux et collatéraux. — Les points cardinaux sont les quatre points principaux de l'horizon : l'Est, le Sud, l'Ouest et le Nord.

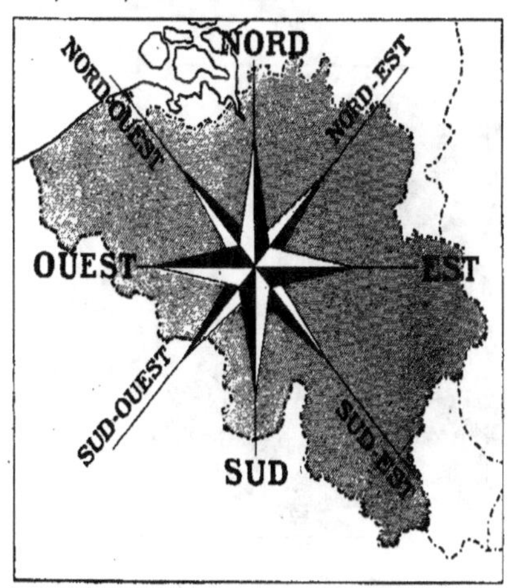

2. — La Rose des Vents.

L'Est, appelé aussi *Orient* ou *Levant*, est le côté de l'horizon où le Soleil paraît se lever.

Le Sud, appelé aussi *Midi*, est le côté de l'horizon où le Soleil paraît à midi.

L'Ouest, appelé *Occident* ou *Couchant*, est le côté de l'horizon où le Soleil paraît se coucher.

Le Nord ou *Septentrion* est le côté de l'horizon opposé au Sud. La nuit, il est indiqué par l'Étoile polaire.

Les points collatéraux sont des positions intermédiaires situées entre les points cardinaux. Ce sont : le Nord-Est entre le Nord et l'Est ; le Nord-Ouest entre le Nord et l'Ouest ; le Sud-Est entre le Sud et l'Est ; le Sud-Ouest, entre le Sud et l'Ouest,

Les points cardinaux et les points collatéraux s'indiquent en abrégé par la première lettre de leur nom : N pour Nord,... N-E pour Nord-Est...

3. Orientation. — S'orienter c'est reconnaître la direction de l'Orient et des autres points cardinaux.

On s'oriente de trois manières différentes :

1° Pendant le jour, *au moyen du Soleil ;* le matin, il se trouve à l'Est ; à midi, au Sud ; le soir, à l'Ouest.

2° Pendant la nuit, *au moyen de l'Étoile polaire* qui indique le Nord.

3° En tout temps, *au moyen de la boussole* dont l'aiguille aimantée se tourne toujours vers le Nord.

La Rose des vents est une figure qui indique la direction des points cardinaux et des points collatéraux.

Sur les cartes, on place le Nord en haut, le Sud en bas, l'Est à droite et l'Ouest à gauche.

4. Cercles de la Sphère. — Les *Cercles de la sphère* sont des lignes imaginaires que l'on suppose exister sur la surface de la terre. Ils se divisent en *grands cercles* et en *petits cercles*.

Les *grands cercles* partagent la sphère terrestre en deux parties égales : ce sont l'*équateur* et les *méridiens*.

Les *petits cercles* partagent la sphère en deux parties inégales ; on leur donne le nom de *parallèles*, parce qu'ils sont parallèles à l'équateur.

Chaque cercle se divise en 360 parties égales, appelées *degrés* (360°) ; le degré se divise en 60 *minutes* (60′), et la minute en 60 *secondes* (60″).

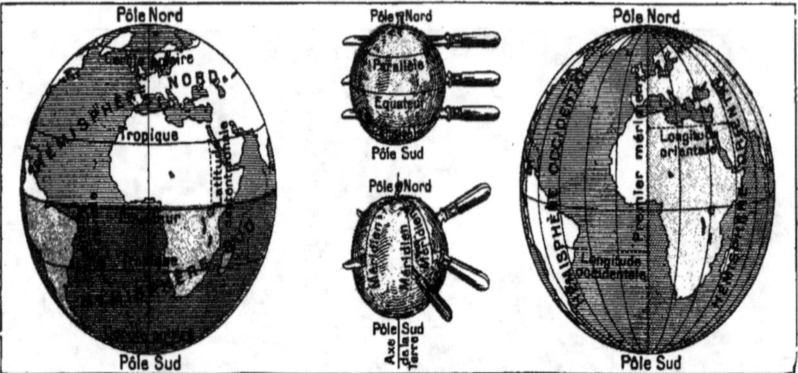

3. — Les Parallèles sont des cercles ainsi appelés parce qu'ils sont parallèles entre eux. Ils sont d'autant plus petits qu'ils se rapprochent davantage des pôles. Les principaux parallèles sont : l'équateur, les deux tropiques et les deux cercles polaires. L'équateur est à égale distance des deux pôles.

4. — Cette orange figure la terre ; son *axe* est représenté par l'aiguille qui la traverse ; les points d'entrée et de sortie de cette aiguille représentent les *pôles*.

Dans la 1re figure, les couteaux découpent l'orange en *cercles parallèles*.

Dans la 2e figure, les couteaux se croisent en glissant le long de l'aiguille ; chacun coupe l'orange en deux moitiés ; ils tracent des *méridiens*.

Méridiens et parallèles sont des cercles de la sphère : ceux qui passent par le centre sont des grands cercles, les autres sont des petits cercles.

5. — Les Méridiens, dont le nom signifie milieu du jour, sont ainsi appelés parce qu'il est midi à la fois d'un pôle à l'autre sur la moitié d'un même méridien.

Les méridiens ne sont pas parallèles : ils se rencontrent tous aux pôles ; ils divisent la surface de la Terre à la façon des côtes d'un melon ou des quartiers d'une orange.

La *valeur d'un degré* en kilomètres est la même pour tous les grands cercles, environ 111 kilomètres (40.000 km. : 360 = 111 km. 111) ; elle varie d'un petit cercle à un autre.

5. Équateur et Parallèles. — L'Équateur est un grand cercle qui passe à égale distance des deux pôles. Il divise la sphère en deux moitiés : l'*hémisphère nord* et l'*hémisphère sud*.

Les **parallèles** sont des petits cercles, parallèles à l'équateur. Ils déterminent la *latitude*.

La **latitude** d'un lieu est la distance en degrés de ce lieu à l'équateur.

Les parallèles qui ont des noms particuliers sont les deux *tropiques* et les deux *cercles polaires*. Ils limitent les *zones terrestres*.

6. Zones terrestres. — Les zones terrestres sont de grandes bandes circulaires limitées par les tropiques et les cercles polaires ; elles sont caractérisées par des températures différentes.

Il y a cinq zones : la **zone torride** ou très chaude s'étend de chaque côté de l'équateur jusqu'aux tropiques ; les **deux zones tempérées** sont comprises entre les tropiques et les cercles polaires ; les **deux zones glaciales** sont situées autour des pôles et s'étendent jusqu'aux cercles polaires.

7. Méridiens. — Les méridiens sont des grands cercles qui passent par les pôles. Ils déterminent la *longitude*.

Chaque méridien partage la sphère en deux moitiés : l'*hémisphère oriental* et l'*hémisphère occidental*.

La **longitude** d'un lieu est la distance en degrés de ce lieu au premier méridien.

Questionnaire. — **1.** De quoi se sert-on pour se diriger sur l'immense surface de la Terre ? — **2.** Qu'est-ce que les points cardinaux ? — Quels sont-ils ? — Qu'est-ce que l'Est ? — ...le Sud ? — ...l'Ouest ? — ...le Nord ? — Qu'est-ce que les points collatéraux ? — Quels sont-ils? — Comment indique-t-on, en abrégé, les points cardinaux et collatéraux ? — **3.** Qu'est-ce que s'orienter ? — Comment s'oriente-t-on : 1° pendant le jour ? — ...2° pendant la nuit ? — ...3° en tout temps ? — Qu'est-ce que la Rose des vents ? —

Où place-t-on les points cardinaux sur les cartes ? — **4.** Qu'appelle-t-on cercles de la sphère ? — Comment se divisent-ils ? — Comment les grands cercles partagent-ils la sphère ? — Quels sont-ils ? — Comment les petits cercles partagent-ils la sphère ? — Quel nom leur donne-t-on ? — Comment chaque cercle se divise-t-il ? — Quelle est la valeur d'un degré en kilomètres ? — **5.** Qu'est-ce que l'Équateur ? — Comment divise-t-il la sphère ? — Qu'est-ce que les parallèles ? — Que déterminent-ils ? — Qu'est-ce que la latitude d'un lieu ? — Quels sont les parallèles qui ont reçu des noms particuliers ? — Que limitent-ils ? — **6.** Qu'est-ce que les zones terrestres ? — Par quoi sont-elles caractérisées ? — Combien y a-t-il de zones ? — Nommez-les. — Dites leur situation. — **7.** Qu'est-ce que les méridiens ? — Que déterminent-ils ? — Comment chaque méridien partage-t-il la sphère ? — Qu'est-ce que la longitude ? — Combien compte-t-on de degrés de longitude ?

Devoir écrit. — 1. *Nommez un monument, un quartier ou une rue, au nord de l'école?* — *...au sud ?* — *...à l'est ?* — *...à l'ouest?* — 2. *Nommez deux localités au sud de l'école et indiquez leur position l'une par rapport à l'autre.* — 3. *Quel cercle de la sphère suivriez-vous en allant du Nord au Sud ?* — *...de l'Est à l'Ouest ?*

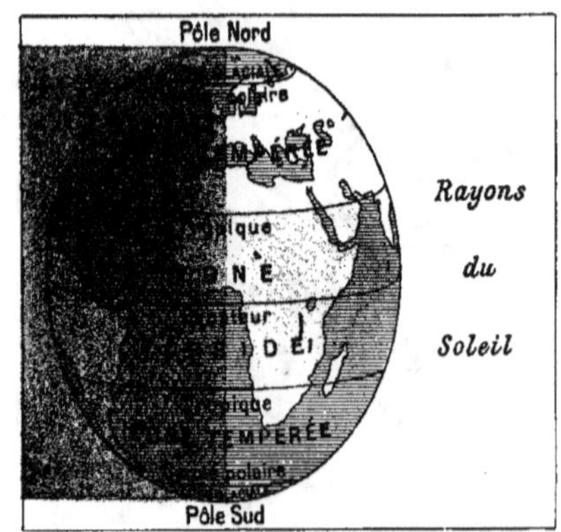

6. — Les Zones terrestres.

4e Leçon. — REPRÉSENTATION DE LA TERRE : GLOBES ET CARTES

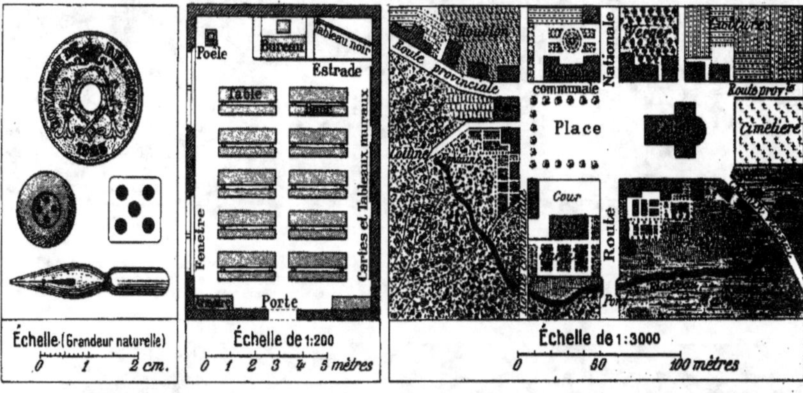

1. — Une pièce de 10 centimes, un bouton, un dé, une plume, vus par-dessus.

Ces dessins sont des *plans* de même grandeur que les objets représentés. Ils sont de grandeur naturelle.

2. — Classe vue d'en haut, comme si on avait enlevé le plafond. Ce dessin est aussi un *plan*. La classe a 10 mètres de long sur 8 mètres de large ; on l'a représentée par un rectangle de 5 cm. sur 4 cm. ; les lignes sur le plan sont donc 200 fois plus petites que sur le sol. Un centimètre sur le plan correspond à 200 cm. ou 2 mètres dans la classe. Ce rapport entre les longueurs du plan et celles de la classe s'appelle *échelle* ; l'échelle est ici au deux centième (1 : 200).

3. — Les environs d'une école, vus par-dessus ; ce dessin est encore un *plan* mais à une échelle plus petite, au trois-millième (1 : 3.000), 1 mm. sur le plan correspond à 3.000 mm. ou à 3 m. sur le terrain.

Exercice d'observation. — *1. Lisez l'explication de la 1re image. — 2. Ainsi qu'il est fait pour la pièce de deux sous, la plume et le bouton, tracez au tableau le plan de votre livre fermé, puis ouvert, de grandeur naturelle. — 3. Mesurez la longueur de la table ; sa largeur. — Pouvez-vous faire son plan de grandeur naturelle au tableau ? — Faites-le 10 fois plus petit. — 4. Lisez l'explication de la 2e image. — — 5. Mesurez la longueur de la classe, sa largeur. — Faites-en le plan au tableau en prenant 1 dm. pour 10 dm. ou 1 mètre. — A quelle échelle est votre plan ? — 6. Lisez l'explication de la 3e image. — 7. Quelle est la longueur de la place, depuis la poste jusqu'au cimetière ? — Quelle est la distance en ligne droite, de la fontaine jusqu'au pont du chemin vicinal ? — 8. Où est située l'église par rapport à l'école ? — ...la maison communale par rapport à l'église ? — ...la fontaine par rapport à l'église ? — 9. Faites au tableau le plan des environs de notre école. — 10. Lisez les mots écrits sur la 4e image et l'explication qui est au-dessous. — 11. A quelle échelle est ce plan ? — 12. Quelle distance y a-t-il de la gare du Midi à celle du Nord ? — 13. Lisez les mots écrits sur la 5e image et l'explication qui est au-dessous. — 14. A quelle échelle est cette carte ? — 15. Quelle distance y a-t-il de Grand-Bigard à Tervueren ? — 16. Lisez les mots écrits sur la 6e image et l'explication qui est au-dessous. — 17. A quelle échelle est cette carte ? — 18. Quelle distance y a-t-il de Gand à Namur ? — 19. Lisez l'explication de la figure 7. — 20. Que représente le bleu ? — ...la courbe marquée 0 ? — 21. Lisez l'explication de la figure 8. — 22. Que représente la courbe marquée 300 ? — ...la surface coloriée en vert ? — 23. Lisez l'explication de la figure 9. — 24. Que représente la courbe marquée 1.000 ? — ...la surface coloriée en orangé ? — 25. Que représente l'intérieur de la courbe colorié en rouge ? — 26. Les teintes : bleu jaune, rouge indiquent-elles un terrain plat ou en pente ? — 27. Faut-il descendre ou monter, pour aller de la courbe 300 à la courbe 0 ? — ...et pour aller de la courbe 300 à la courbe 1.000 ?*

Texte. — **1. Manières de représenter la Terre.** — On représente la Terre par des globes terrestres, et les détails de sa surface par des plans et des cartes.

2. Globes terrestres. — Les globes terrestres sont des sphères qui représentent la Terre, et sur lesquelles on a dessiné les grandes divisions géographiques. Ils donnent une idée assez exacte de la terre, puisqu'ils sont ronds comme elle ; mais, comme ils ne peuvent être très grands, on est obligé de représenter les détails de la surface de la Terre au moyen de plans et de cartes géographiques.

3. Plans et échelles. — Un plan est le dessin d'un objet vu par-dessus.

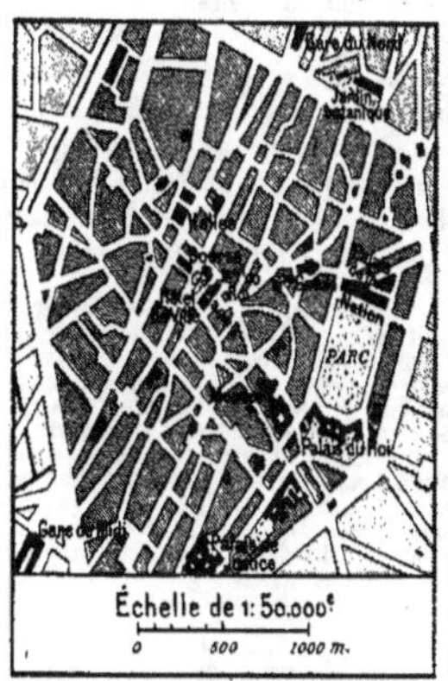

4. — Plan du Centre de Bruxelles.

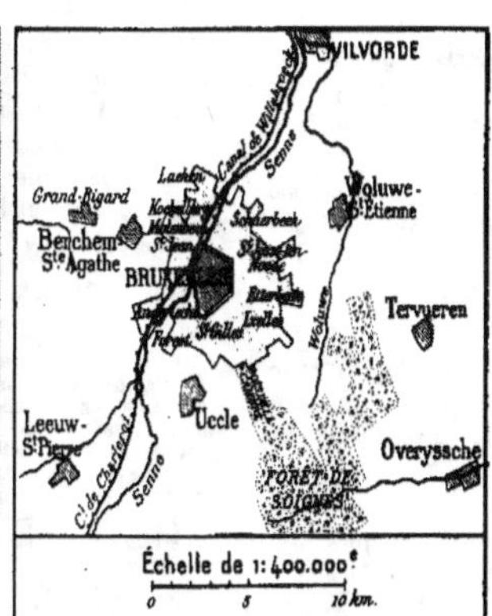

5. — Carte des environs de Bruxelles.

6. — Carte de la région de Bruxelles.

7. — Une pierre placée au milieu d'un bassin contenant un peu d'eau, représente une île.

8. — On ajoute de l'eau, la partie basse de la pierre est recouverte, le niveau s'élève et forme un nouveau rivage indiqué par la cote 300.

9. — Le bassin est presque rempli d'eau, la partie moyenne de la pierre est recouverte, le niveau forme un rivage indiqué par la cote 1.000.

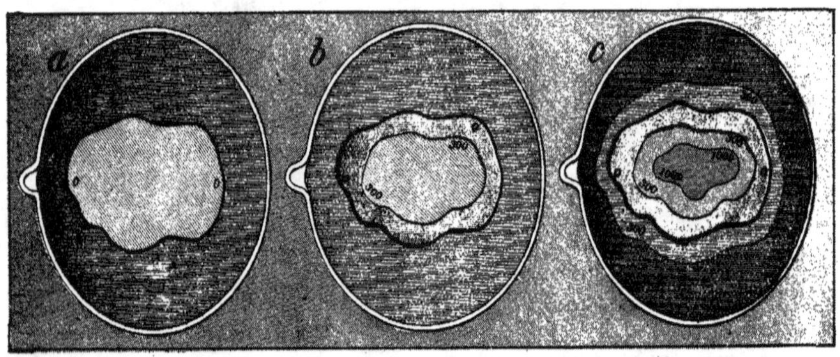

a) Plan de la figure A. — Le bleu représente l'eau ou la mer ; la ligne 0 est le rivage. Le niveau de la mer est toujours indiqué par la cote 0.

b) Plan de la figure B. — Le vert, situé entre les lignes de rivage 0 et 300, représente la partie basse de la pierre actuellement recouverte d'eau.

c) Plan de la figure C. — L'orangé entre les cotes 300 et 1000 représente la partie moyenne de la pierre, recouverte d'eau ; le rose, à l'intérieur de la cote 1000, représente la partie sèche

L'**échelle** d'un plan est le rapport qu'il y a entre les longueurs des lignes du plan et les longueurs réelles de l'objet qu'il représente. Dire qu'une échelle est au millième, signifie qu'un millimètre sur le plan représente mille millimètres, ou un mètre, sur le sol.

On **indique l'échelle** par deux chiffres séparés, soit par un trait, soit par deux points ; ou bien par une droite divisée en parties égales figurant chacune un certain nombre de mètres ou de kilomètres.

Ainsi l'échelle au cinquante-millième s'indique par 1 /50.000 ; ou par 1 : 50.000 ; ou bien par une ligne divisée en centimètres qui représentent chacun 500 mètres. (*Voir 4e image.*)

Une échelle au 1 : 50.000 est plus grande qu'une échelle au 1 : 80.000, et plus petite qu'une échelle au 1 : 30.000 pour la même raison qu'un cinquième est plus grand qu'un huitième et plus petit qu'un tiers.

4. Cartes et Atlas. — Une **carte** est un plan à petite échelle : ainsi on fait le plan d'une maison, d'une propriété, d'une localité ; mais on fait la carte d'une province, d'une région, d'un pays.

La **mappemonde** (*le monde sur une nappe*), ou le **planisphère** (*la sphère sur un plan*), est une carte qui représente toute la surface de la Terre, soit en deux hémisphères (voir page 10), soit sous la forme d'une ellipse dont la longueur égale deux fois la largeur. (*Voir la dernière page de la couverture.*)

Un **atlas** est un livre qui contient des cartes géographiques.

5. Représentation du relief du sol. — Le **relief du sol** est l'ensemble des inégalités de la surface de la Terre.

Sur les cartes géographiques **on représente le relief** du sol par des *teintes conventionnelles*, limitées par des *courbes de niveau*.

Les **courbes de niveau** sont des lignes qui représentent les différents rivages, que formeraient les eaux de la mer, si elles s'élevaient ou s'abaissaient à ces divers niveaux. Ainsi la courbe 0 est le rivage actuel de la mer ; les courbes de 300 et de 1.000 mètres représentent les rivages que formerait la mer si elle s'élevait à 300 ou à 1.000 mètres ; ou bien, lorsqu'il s'agit des profondeurs marines, si la mer baissait de 300 et de 1.000 mètres.

Questionnaire. — **1.** Comment représente-t-on la Terre ? — ...les détails de sa surface ? — **2.** Qu'est-ce que les globes terrestres ? — Quels sont leurs avantages et leurs inconvénients ? — **3.** Qu'est-ce qu'un plan ? — Qu'est-ce que l'échelle d'un plan ? — Que signifie l'expression : une échelle au millième ? — Comment représente-t-on l'échelle ? — Comment indique-t-on l'échelle au cinquante-millième ? — Une échelle au cinquante-millième est-elle plus grande ou plus petite qu'une échelle au quatre-vingt-millième ? et qu'une échelle au trente-millième ? — Pourquoi ? — **4.** Qu'est-ce qu'une carte ? — ...une mappemonde ou planisphère ? — ...un atlas ? — **5.** Qu'est-ce que le relief du sol ? — Comment représente-t-on le relief sur les cartes géographiques ? — Qu'est-ce que les courbes de niveau ?

Devoir écrit. — 1. *Quelle est la longueur d'une table (2e image) ? — ...la longueur de l'église (3e image) ? — Quelle distance y a-t-il entre l'Hôtel de Ville et le Palais de Justice (4e image) ? — ...entre Vilvorde et Uccle (5e image) ? — ...entre Anvers et Mons (6e image) ?*

5ᵉ Leçon. — COMPOSITION DU GLOBE TERRESTRE

1. — Composition du Globe terrestre.

Le Globe terrestre est formé d'un noyau central que l'on croit incandescent et qu'entoure une enveloppe solide, l'écorce terrestre. Cette écorce est recouverte, aux trois quarts, d'une couche liquide, la mer, et elle est entourée d'une enveloppe gazeuse, l'atmosphère.

Exercice d'observation. — *1. Lisez les noms écrits sur l'image et la légende placée au-dessous. — 2. Nommez les parties de l'écorce terrestre non recouvertes par les océans. — 3. Quels sont les océans représentés dans cette image ? — 4. Par quoi les terres et les mers sont-elles enveloppées ? — 5. Que représentent les différentes couleurs dans la Mappemonde ci-dessous ? — 6. Lisez les noms des Océans. — 7. Lisez les noms des terres diversement coloriées appelées: Parties du monde. — 8. Combien y a-t-il de Parties du monde ?*

Texte. — **1. Constitution du Globe terrestre.** — Le Globe terrestre se compose de trois parties : le noyau central, l'écorce terrestre et l'atmosphère.

2. Noyau central. — Selon toute apparence, l'intérieur du Globe serait formé de matières en fusion : l'augmentation de température à mesure qu'on pénètre dans le sol, les sources thermales et les matières brûlantes rejetées par les volcans, en paraissent des preuves.

3. Écorce terrestre. — L'écorce terrestre est l'enveloppe extérieure et solide du Globe. Ses parties creuses sont remplies par la *mer*, tandis que ses parties plus élevées forment les *continents* et les *îles*.

4. Continents. — Les continents sont ainsi nommés parce qu'ils se *tiennent* sans être séparés par les eaux. Ils ne couvrent que le quart de la surface du Globe.

On compte trois continents : l'Ancien Continent, le Nouveau Continent, et le Continent Austral.

5. Parties du Monde. — Les Continents forment cinq grandes divisions ou Parties du monde :

L'*Europe*, l'*Asie* et l'*Afrique* dans l'Ancien Continent ;

L'*Amérique* ou le Nouveau Continent ;

L'*Océanie* comprenant le Continent Austral ou Australie et un grand nombre d'îles.

6. Océans. — L'*Océan* couvre les trois quarts du Globe. Il est divisé par les Continents en cinq Océans particuliers :

L'*Océan Pacifique* ou *Grand Océan* entre l'Amérique l'Asie et l'Australie ;

L'*Océan Atlantique*, entre l'Europe, l'Afrique et l'Amérique ;

L'*Océan Indien*, entre l'Afrique, l'Asie et l'Australie ;

L'*Océan Glacial arctique*, autour du Pôle Nord ;

L'*Océan Glacial antarctique*, autour du Pôle Sud.

Questionnaire. — *1. De quoi se compose le Globe terrestre ? — 2. De quoi serait formé l'intérieur du Globe? — Donnez-en des preuves. — 3. Qu'est-ce que l'écorce terrestre ? — De quoi sont remplies ses parties creuses ? — Que forment ses parties plus élevées ? — 4. Pourquoi les continents sont-ils ainsi nommés ? — Quelle est leur étendue ? — Combien en compte-t-on ? — 5. Quelles grandes divisions forment les continents ? — Nommez les cinq Parties du monde ? — Quelle est l'étendue de l'Océan ? — Comment est-il divisé ?*

Devoir écrit. *1. Nommez les Océans et les Parties du monde que vous traverseriez si vous faisiez le tour du monde en suivant l'Equateur. — 2. Combien de fois l'Europe est-elle plus petite que l'Afrique? — ...que l'Amérique ? — ...que l'Océan Indien ? — ...que l'Océan Atlantique ? — ...que l'Océan Pacifique ? — ...que toutes les Parties du monde réunies ? — ...que tous les Océans ensemble ? — ...que le Globe entier ?*

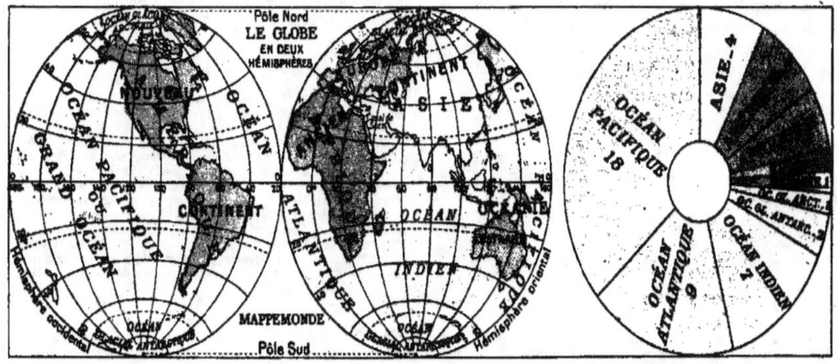

2. — **Mappemonde en deux hémisphères.** — Étendues comparées des Océans et des Parties du Monde, l'Europe prise comme unité.

6ᵉ Leçon. — LE RELIEF DU SOL

1. — Relief du sol tel qu'on le voit.

2. — Relief du sol tel qu'on le représente.

Exercice d'observation. — *1. Qu'y a-t-il d'écrit au-dessous de l'image et de la carte ? — 2. Lisez les noms inscrits sur la carte et indiquez les numéros auxquels ils correspondent dans le paysage. — 3. Indiquez les numéros du paysage, et dites le nom correspondant, en vous servant de la carte si c'est nécessaire. — 4. Couvrez la carte avec une feuille de papier, et dites les noms correspondant aux numéros du paysage. — 5. Y a-t-il des plaines, des vallées, des plateaux, des collines ou des montagnes aux environs de notre localité ? — Dites leurs noms et indiquez leur orientation par rapport à l'école.*

Texte. — **1. Relief du sol.** — Le **relief du sol** est l'ensemble des inégalités de la surface de la terre.

L'altitude d'un lieu est sa hauteur au-dessus du niveau de la mer.

Les principales **formes du relief** sont : la *plaine*, le *plateau* et la *montagne*.

2. Plaine. — Une **plaine** est une grande étendue de terrain presque plat et de faible altitude. *Ex. : ..... (1).*

Un **plateau** est une plaine élévée, plus ou moins accidentée. *Ex. : ......*

3. Montagne. — Une **montagne** est une grande élévation du sol au-dessus des parties environnantes. *Ex. : ......*

Un **volcan** est une montagne qui lance, par une ouverture appelée *cratère*, des gaz brûlants et des matières fondues nommées *laves*. *Ex. : ......*

Une **petite montagne** s'appelle : *colline, butte, coteau, monticule. Ex. : ......*

4. Parties d'une montagne. — Les **trois parties** d'une **montagne** sont : le *pied*, les *flancs*, le *sommet*.

Le **pied** ou la base de la montagne est la partie la plus basse. *Ex. : ......*

Les **flancs** ou les **versants** de la montagne sont les pentes qui s'étendent de la base au sommet. *Ex. : ......*

Le **sommet** ou cime est le point le plus élevé. *Ex. : ......*

Une montagne dont le sommet est terminé en pointe se nomme : *pic, aiguille, dent* ; quand il est arrondi, on l'appelle *ballon* ou *dôme*. *Ex. : ......*

5. Disposition des montagnes. — D'après leur disposition, on distingue les *montagnes isolées* et les *montagnes groupées*.

Une **montagne isolée** s'appelle un *mont. Ex. : ......*

Les **montagnes groupées** forment des **chaînes** lorsqu'elles sont alignées les unes à la suite des autres, comme les anneaux d'une chaîne ; elles forment des **massifs**, lorsqu'elles sont groupées sans ordre. *Ex. : ......*

La **crête** est la ligne formée par les sommets d'une chaîne de montagnes. *Ex. : ......*

6. Passages entre les montagnes. — Les passages entre les montagnes portent le nom de **cols**, de **gorges** ou de **défilés** lorsqu'ils sont étroits ; de **vallées**, lorsqu'ils sont larges et parcourus par un cours d'eau. *Ex. : ......*

Questionnaire — 1. Qu'est-ce que le relief du sol ? — Qu'est-ce que l'altitude ? — Quelles sont les principales formes du relief ? — **2.** Qu'est-ce qu'une plaine ? — ...un plateau ? — **3.** Qu'est-ce qu'une montagne ? — ...un volcan ? — Comment s'appelle une petite montagne ? — **4.** Quelles sont les trois parties d'une montagne ? — Qu'est-ce que le pied de la montagne ? — ...les flancs ? — ...le sommet ? — Quels noms donne-t-on aux montagnes terminées en pointe ? — ...à celles dont le sommet est arrondi ? — **5.** D'après leur disposition, combien distingue-t-on de sortes de montagnes ? — Comment s'appelle une montagne isolée ? — Que forment les montagnes groupées ? — Qu'est-ce que la crête ? — **6.** Quel nom donne-t-on aux passages entre les montagnes ? — Comment appelle-t-on ces passages lorsqu'ils sont étroits ? — ...lorsqu'ils sont larges ?

Devoir écrit. — *Nommez, en indiquant leur orientation par rapport à l'école, la vallée, la plaine, le plateau, la colline ou la montagne les plus rapprochés de la localité.*

---

(1) C'est à l'élève à fournir l'exemple demandé : il le prendra de préférence dans la géographie locale, ou bien il le montrera sur une carte muette, ou il en dessinera l'image au tableau noir.

7e Leçon. — LA MER

1. — La tempête.

2. — Le rivage à marée haute.

3. — Le rivage à marée basse.

Le vent ride la surface des eaux et forme des vagues. Quand le vent est violent, il y a tempête : alors les vagues peuvent s'élever jusqu'à 15 m. : elles se jettent sur les côtes avec grand fracas ; parfois les navires sont poussés sur les rochers où ils se brisent et font naufrage.

Pendant 6 heures environ, les eaux de la mer s'élèvent, s'avancent vers le rivage et le recouvrent : c'est le flux ou marée montante ; pendant les 6 heures qui suivent, les eaux baissent, se retirent et laissent le rivage à découvert : c'est le reflux ou marée descendante.

En se retirant, les eaux de la mer modifient plus ou moins la forme et l'aspect du rivage. Ici, elles ont transformé un récif en îlot, une île en presqu'île, et un détroit en isthme ; elles ont laissé à découvert une grande plage sablonneuse.

Exercice d'observation. — *1. Lisez la légende placée sous la 1re image. — 2. Qu'est-ce qui produit les tempêtes ? — 3. Que deviennent les navires que les vents poussent sur les rochers ? — 4. Lisez la légende placée sous la 2e image. — 5. Quel temps mettent les eaux pour couvrir ou découvrir le rivage ? — 6. Combien y a-t-il de marées montantes et de marées descendantes dans un jour ? — 7. Comment appelle-t-on encore la marée montante ? — …la marée descendante ? — 8. Lisez la légende placée sous la 3e image. — 9. Comparez la 2e image à la 3e, et dites ce que sont devenus à marée basse, le récif, l'île et le détroit qu'on voyait à marée haute ?*

Texte. — **1. Océan.** — La Mer ou Océan est l'ensemble des eaux salées qui couvrent les trois quarts du Globe.

Une mer est une partie de l'Océan.

L'eau de mer est salée, tandis que l'eau de pluie ou des cours d'eau est douce.

La mer ne déborde pas, malgré l'énorme quantité d'eau qu'elle reçoit des fleuves, parce qu'elle en perd une quantité égale par l'évaporation.

2. Relief et profondeur des mers. — Le fond de la mer n'est pas uni : le relief sous-marin est en effet presque aussi accidenté que le relief terrestre.

La profondeur des mers est généralement considérable : elle atteint près de 10.000 mètres en quelques points.

3. Mouvements des eaux de la mer. — Les eaux de la mer sont soumises à divers mouvements : les *vagues*, les *marées* et les *courants*.

Ces mouvements empêchent les eaux de se corrompre et y introduisent l'air nécessaire aux animaux et aux plantes qui vivent dans leur sein.

4. Vagues. — Les vagues sont les mouvements irréguliers de la surface de l'eau agitée par le vent.

Quand le vent est violent, les vagues deviennent énormes ; il y a tempête.

5. Marées. — La marée est le mouvement régulier des eaux de la mer qui s'avancent vers le rivage, puis s'en éloignent.

La *marée montante* ou le *flux* est le mouvement des eaux de la mer qui s'avancent vers les côtes.

La *marée descendante* ou le *reflux* est le mouvement des eaux de la mer qui s'éloignent des côtes.

Chacun de ces mouvements dure un peu plus de six heures.

6. Courants marins. — Les courants marins sont des espèces de fleuves qui parcourent l'Océan ; ils vont des régions chaudes vers les régions froides et réciproquement.

Le plus connu est le **Gulf-Stream** (*prononcez : gueulf-strimm*) qui part des mers tropicales, dans le voisinage du Golfe du Mexique, et se dirige vers l'Europe occidentale, dont il réchauffe le littoral. (*Voir la carte d'Amérique de la page 22.*)

7. Utilité de l'Océan. — L'Océan contribue à régulariser la température des contrées avoisinantes ; par la navigation, il relie les continents plus qu'il ne les sépare ; ses eaux évaporées retombent en pluie et fécondent les terres ; il fournit à la pêche une grande quantité de poissons ; enfin, par l'évaporation de ses eaux, dans les marais salants, on obtient le sel de cuisine.

Questionnaire. — 1. Qu'est-ce que la mer ? — Qu'est-ce qu'une mer ? — Quelle différence y a-t-il entre l'eau de mer et l'eau de pluie ou des cours d'eau ? — Pourquoi la mer ne déborde-t-elle pas ? — 2. Le fond de la mer est-il uni ? — La profondeur des mers est-elle grande ? — 3. Quels sont les divers mouvements auxquels les eaux de la mer sont soumises ? — Que produisent ces mouvements ? — 4. Qu'est-ce que les vagues ? — Qu'arrive-t-il lorsque le vent est violent ? — 5. Qu'est-ce que la marée ? — Qu'est-ce que la marée montante ? — …la marée descendante ? — Combien de temps durent ces deux mouvements ? — 6. Qu'est-ce que les courants marins ? — Quel est le plus connu de ces courants ? — ..Quels sont ses effets ? — 7. Nommez quelques avantages que nous procure l'Océan.

Devoir écrit. — *1. Qu'est-ce que l'Océan ? — …les vagues ? — …la marée ? — …les courants marins ? — 2. Pourquoi n'est-il pas prudent de s'avancer au loin sur les rochers à marée basse ? — 3. Que deviennent, à marée basse, le récif, l'île et le détroit représentés à marée haute ?*

8e Leçon. — LES CÔTES

1. — Les Côtes comme on les voit.

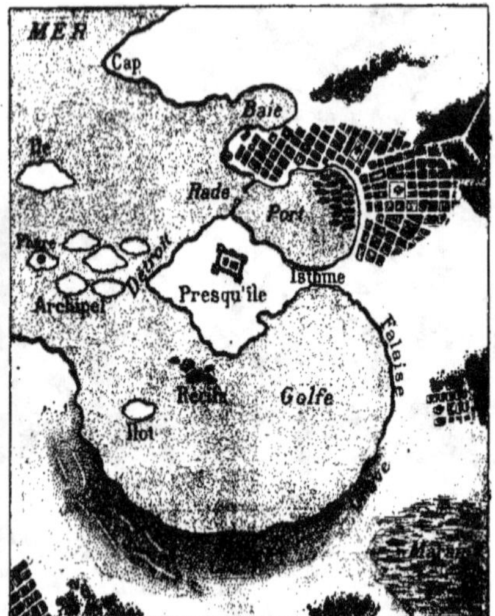

2. — Les Côtes comme on les représente.

Exercice d'observation. — *1. Qu'y a-t-il d'écrit au-dessous de l'image et de la carte ? — 2. Lisez les noms écrits sur la carte et indiquez les numéros auxquels ils correspondent dans le paysage. — 3. A l'aide de la carte, dites les noms correspondant à chaque numéro du paysage. — 4. Même exercice sans l'aide de la carte. — 5. Lisez de droite à gauche les noms écrits sur la 3e image.*

Texte. — 1. Côtes. — Le bord de la mer s'appelle *côte*, *rivage* ou *littoral*. Une *plage* ou une *grève* est la partie unie, couverte de sable ou de galets, que la marée descendante laisse à découvert.

Toutes les côtes ne se ressemblent pas : les unes sont basses et les autres élevées.

2. Côtes basses. — Les *côtes basses* terminent généralement des plaines et bordent des mers peu profondes. Facilement envahies par les eaux, elles sont souvent marécageuses. Sur les côtes basses, le vent accumule parfois le sable abandonné par la marée descendante et en forme des amas parallèles appelés *dunes*.

3. Côtes élevées. — *Les côtes élevées* terminent généralement des terrains montagneux et bordent des mers profondes. On leur donne le nom de *falaises* quand elles sont rocheuses et escarpées.

4. Aspect des côtes. — Par leur agitation continuelle, les eaux de la mer modifient lentement, mais constamment, l'aspect des côtes.

Les parties les moins résistantes sont désagrégées, triturées et transformées en galets, en sable, ou en limon ; à leur place, la mer s'avance et forme des *golfes* ou des *baies*.

Les parties les plus dures résistent et forment des *caps*, des *presqu'îles* ou des *îles*.

5. Golfe. — Un *golfe* est une partie de mer qui s'avance dans les terres. *Ex. :* ......

Une *baie* est un petit golfe. *Ex. :* ......

Une *rade* est une baie peu ouverte, et entourée de hautes terres qui la mettent à l'abri du vent ; les vaisseaux peuvent s'y réfugier pendant la tempête. *Ex. :* ......

Un *port* est un endroit du rivage, aménagé pour recevoir les navires. *Ex. :* ......

Un *phare* est une haute tour bâtie sur la côte, et dont le sommet porte une puissante lumière qui guide les navires durant la nuit.

6. Cap, Île. — Un *cap* ou une *pointe* est une partie de terre qui s'avance dans la mer. *Ex. :* ......

Une *île* est une terre entourée d'eau de tous côtés.

Un *îlot* est une petite île. *Ex. :* ......

Un *archipel* est un groupe d'îles ou d'îlots. *Ex. :* ......

Les îlots rocheux dangereux pour la navigation portent les noms : d'*écueils*, de *récifs* ou de *brisants*. *Ex. :* ......

Une *presqu'île* ou péninsule est une terre presque complètement entourée d'eau : elle est rattachée au continent par une bande de terre, qu'on appelle *isthme* lorsqu'elle est assez étroite. *Ex. :* ......

7. Détroit. — Un *détroit* est une partie de mer resserrée entre deux terres. *Ex. :* ......

Questionnaire. — **1.** Comment s'appelle le bord de la mer ? — Qu'est-ce qu'une plage ou une grève ? — Toutes les côtes se ressemblent-elles ? — **2.** Que terminent et que bordent les côtes basses ? — Quels sont leurs différents aspects ? — **3.** Que terminent et que bordent les côtes élevées ? — Comment les nomme-t-on ? — **4.** Comment l'action des eaux de la mer modifie-t-elle l'aspect des côtes ? — Que deviennent les parties les moins résistantes ? — ...les plus dures ? — **5.** Qu'est-ce qu'un golfe ? — ...une baie ? — ...une rade ? — ...un port ? — ...un phare ? — **6.** Qu'est-ce qu'un cap ? — ...une île ? — ...un îlot ? — ...un archipel ? — Comment appelle-t-on les îlots rocheux, dangereux pour la navigation ? — Qu'est-ce qu'une presqu'île ? — Par quoi est-elle rattachée au continent ? — **7.** Qu'est-ce qu'un détroit ?

Devoir écrit. — *1. Quels sont les différents noms qu'on donne aux avancements : 1° de la mer dans les terres ? — 2° de la terre dans la mer ? — 2. Quel est le contraire d'un cap ? — ...d'une île ? — ...d'une presqu'île ? — dites pourquoi ?*

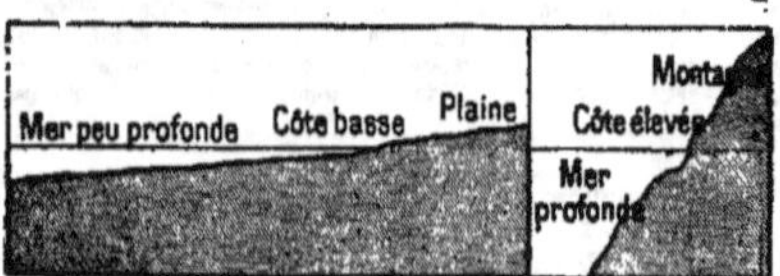

3 — Côtes basses et côtes élevées

9e Leçon. — L'ATMOSPHÈRE

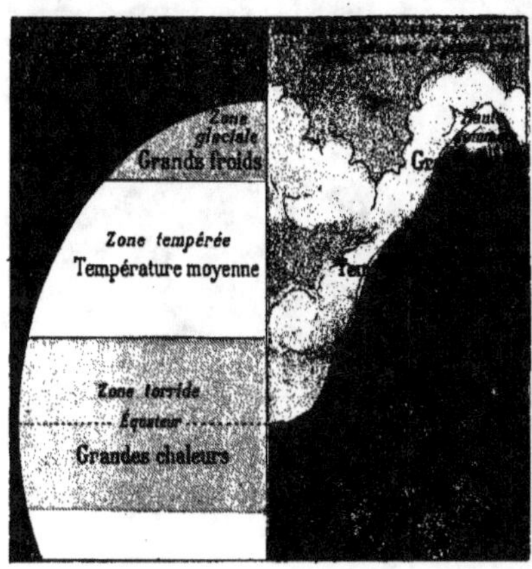

1. — La température est le degré de chaleur de l'atmosphère. Elle varie avec la latitude et diminue de l'équateur au pôle. Vers l'équateur, il fait très chaud : c'est la zone torride. A égale distance de l'équateur et des pôles, la température est généralement douce : c'est la zone tempérée. Vers les pôles, il fait très froid : c'est la zone glaciale.

2. — La température varie avec l'altitude : elle diminue de la base au sommet des montagnes. En faisant l'ascension d'une haute montagne de la zone torride, on constate la même baisse de température qu'en allant de l'équateur aux pôles : de fortes chaleurs à la base ; des chaleurs tempérées, dans les altitudes moyennes ; de grands froids, des neiges et des glaciers, dans les hautes altitudes.

3. — L'alcool ou le mercure du **thermomètre** est dilaté par la chaleur, et son niveau s'élève dans un tube gradué. Cet instrument sert à mesurer le degré de chaleur de l'atmosphère.

4. — L'air chauffé par la chaleur du fourneau s'élève et sort de la salle par la cheminée et par les vasistas ; il est remplacé par l'air froid qui vient du dehors à travers les fentes de la porte. La flamme de la bougie en indique la présence et la direction. De la marmite placée sur le fourneau s'élève un nuage blanc, c'est de l'eau transformée en vapeur par la chaleur du foyer.

En soulevant le couvercle, on le voit tout ruisselant d'eau, c'est de la vapeur redevenue liquide par le refroidissement.

Exercice d'observation. — *1. Lisez ce qu'il y a d'écrit sur la 1re image, et la légende placée au-dessous. — 2. Fait-il bien chaud vers l'équateur ? — 3. Comment appelle-t-on cette zone où il fait très chaud ? — 4. Fait-il chaud vers les pôles ? — 5. Quelle est la zone où il fait très froid ? — 6. Quelle est la température habituelle entre la zone torride et la zone glaciale ? — 7. Comment appelle-t-on la zone où la chaleur est tempérée ? — 8. Lisez ce qu'il y a d'écrit sur la 2e image et la légende placée au-dessous. — 9. La chaleur est-elle uniforme de la base au sommet d'une montagne ? — 10. Pourquoi y a-t-il de la neige et de la glace sur le sommet des hautes montagnes comme il y en a aux pôles ? — 11. Les aviateurs ont-ils chaud ou froid lorsqu'ils s'élèvent très haut ? — Pourquoi ? — 12. Lisez la légende placée sous la 3e image. — 13. Pourquoi le liquide (alcool ou mercure) du thermomètre monte-t-il quand la température monte, et baisse-t-il quand elle descend ? — 14. Lisez la légende placée sous la 4e image. — 15. Que devient l'air chaud dans une salle où la fenêtre est entr'ouverte ? — 16. Par quoi est-il remplacé ? — 17. Comment s'appelle cette espèce de nuage qui s'élève au-dessus de la marmite ? — 18. D'où vient l'eau qui ruisselle sous le couvercle de la marmite ? — 19. Que se produit-il lorsqu'on souffle sur une vitre ou sur un miroir ? — 20. Lisez la légende placée sous la 5e image. — 21. Pourquoi construit-on les moulins sur les collines ? — 22. Qu'y a-t-il d'écrit sur la 6e image et au-dessous ? — 23. Qu'est-ce qui fait évaporer l'eau de la mer ? — 24. Sous quelle forme apparaît la vapeur d'eau dans l'atmosphère ? — 25. Qu'est-ce qui pousse les nuages sur les continents ? — 26. Pourquoi la pluie tombe-t-elle souvent obliquement et non d'aplomb ? — 27. En quelle saison tombe-t-il de la neige dans nos pays ? — ...sur les hautes montagnes ? — 28. Que devient la neige de nos pays ? — ...celle des hautes montagnes ? — 29. Où va l'eau de pluie tombée sur le sol ? — 30. Lisez la légende placée sous la 7e image.*

Texte. — **1. Air.** — L'atmosphère est la masse d'air qui entoure le Globe.

Comme tous les corps, l'air est pesant : un litre d'air pèse 1 gr. 293.

La pression qu'il exerce de haut en bas est appelée **pression atmosphérique** ; elle se mesure au moyen du *baromètre*. Cette pression diminue à mesure qu'on s'élève ; elle permet de calculer l'altitude des montagnes et les hauteurs atteintes en avion.

2. Température. — La température est le degré de chaleur de l'atmosphère. La chaleur est due au soleil ; on la mesure avec le *thermomètre*. La chaleur varie avec la *latitude* : elle diminue progressivement de l'équateur au pôle. Elle varie aussi avec l'*altitude* : plus on s'élève, plus il fait froid.

3. Vent. — Le vent, c'est de l'air en mouvement. Il est produit par la différence de température : l'air chaud, plus léger, s'élève, et l'air froid, plus lourd, le remplace.

La brise est un vent doux ; l'ouragan, un vent violent. Les vents du sud sont chauds ; ceux du nord sont froids ; ceux de la mer sont humides : ils amènent les nuages et la pluie.

Le vent purifie l'atmosphère et régularise la température en renouvelant l'air ; il amène les nuages sur les continents, enfle les voiles des navires, et fait tourner les ailes des moulins.

4. Nuages. — L'eau répandue à la surface de la terre est en partie évaporée par la chaleur du soleil, c'est-à-dire transformée en **vapeur**.

L'air contient toujours, plus ou moins, de la vapeur d'eau, mais elle est invisible. Un abaissement de température la condense en fines gouttelettes microscopiques, rendues visibles par leur groupement en *nuages*.

Les **brouillards** sont des nuages qui touchent le sol. Poussés par le vent, les nuages circulent dans l'air ; un nouvel abaissement de température les résout en *pluie*, en *grêle* ou en *neige*.

5. Pluie. — La pluie, c'est la vapeur des nuages qui se condense en gouttes d'eau et tombe sur le sol.

Il y a des *pluies fines* et des *pluies d'orage*.

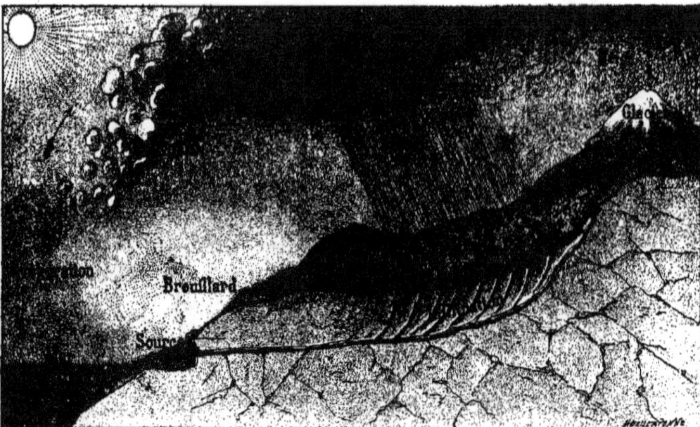

5.- Les moulins à vent sont construits sur les hauteurs pour être plus exposés au vent.

6. — Les eaux de la mer, évaporées par le soleil, s'élèvent et forment des nuages qui sont entraînés par le vent. Par le refroidissement, les nuages se résolvent en pluie ou en neige. Sur le sommet des hautes montagnes, la neige tombe en toute saison ; au lieu de fondre, elle s'accumule, se tasse et forme parfois des glaciers. La pluie ruisselle sur le sol, ou pénètre dans la terre pour ressortir en sources claires et limpides.

Les pluies fines sont les meilleures parce qu'elles pénètrent mieux dans le sol.

Les pluies d'orage tombent en violentes averses qui glissent sur le sol en entraînant les terres ; elles sont souvent accompagnées de vent, d'éclairs, de tonnerre, et quelquefois de grêle.

Les pluies entretiennent la vie sur les continents et alimentent les cours d'eau.

6. Rosée. — Dans les nuits claires et calmes, le sol se refroidit plus vite que l'air. Au contact du sol refroidi, la vapeur d'eau contenue dans l'air se condense en gouttelettes et forme la **rosée**. Si le refroidissement du sol descend au-dessous de zéro il y a congélation des gouttes de rosée : c'est la **gelée blanche** ou le **givre**.

7. Grêle et neige. — La **grêle** est de l'eau congelée qui tombe des nuages sous forme de grains blancs ; une grêle fine s'appelle **grésil**.

La **neige** est aussi de l'eau congelée qui tombe des nuages en flocons blancs et légers.

Dans nos régions tempérées, la neige ne tombe qu'en hiver et dure peu de temps. Dans les régions très froides, aux pôles et sur les hautes montagnes, elle tombe en toute saison ; et, au lieu de fondre, elle s'accumule, se tasse et forme parfois des **glaciers**, qui descendent lentement les pentes et fondent à leur tour.

8. Ruissellement et infiltration. — L'eau de pluie, ou celle qui provient de la fonte des neiges et des glaciers, coule sur le sol en ruisselets troubles et boueux ; ou bien, après avoir arrosé les plantes, elle pénètre dans la terre, d'où elle ressort en *sources* claires et limpides.

9. Action de la température et de l'humidité sur le relief du sol. — Le *froid* resserre les roches et la *chaleur* les dilate, ce qui les fendille et les émiette ; de même, le froid congèle l'eau infiltrée dans les roches, et la *glace*, par sa dilatation, fait éclater ces roches à la façon d'un coin.

Les *pluies* désagrègent les roches, et les *eaux de ruissellement* entraînent les parties émiettées.

Questionnaire. — **1.** Qu'est-ce que l'atmosphère ? — L'air est-il pesant ? — Comment appelle-t-on la pression qu'il exerce ? — Cette pression est-elle partout la même ? — Que permet-elle de calculer ? — **2.** Qu'est-ce que la température ? — A quoi la chaleur est-elle due ? — Comment la mesure-t-on ? — Varie-t-elle avec la latitude ? — ...avec l'altitude ? — **3.** Qu'est-ce que le vent ? — Par quoi est-il produit ? — Qu'est-ce que la brise ? — ...l'ouragan ? — Que nous apportent les vents du Sud ? — ...du Nord ? — ...de la mer ? — Quels sont les effets du vent ? — **4.** Que devient l'eau répandue à la surface du globe ? — L'air contient-il de la vapeur d'eau ? — Comment devient-elle visible ? — Qu'est-ce que les brouillards ? — Que deviennent les nuages poussés par le vent ? — **5.** Qu'est-ce que la pluie ? — Nommez les sortes de pluies et indiquez leurs effets ? — **6.** Quand et comment se forme la rosée ? — ...la gelée blanche ? — **7.** Qu'est-ce que la grêle ? — ...la neige ? — Quand la neige tombe-t-elle et que devient-elle dans nos régions tempérées ? — ...dans les régions très froides ? — **8.** Que devient l'eau de pluie ou de la fonte des neiges et des glaciers ? — **9.** Quelle est, sur le relief du sol, l'action du froid ? — ...de la chaleur ? — ...des pluies ? — ...des eaux de ruissellement ?

Devoir écrit. — *1. Faire l'histoire d'une goutte d'eau, depuis l'Océan d'où elle s'élève en vapeur jusqu'à ce qu'elle y retourne. — 2. Dans notre localité, d'où viennent les vents chauds ? — ...les vents froids ? — ...les vents qui amènent les nuages et la pluie ?*

7. — Nuages et brouillards.

Ce qui est un **nuage** lorsqu'on est dans la vallée, devient un brouillard si l'on se trouve sur le flanc de la montagne, au milieu de ce même nuage. Pour celui qui serait au-dessus, ces brouillards formeraient une **mer de nuages**, d'où surgiraient, comme des îles, les sommets des montagnes.

10e Leçon. — LES COURS D'EAU ET LES LACS

1. — Les cours d'eau et les lacs comme on les voit.

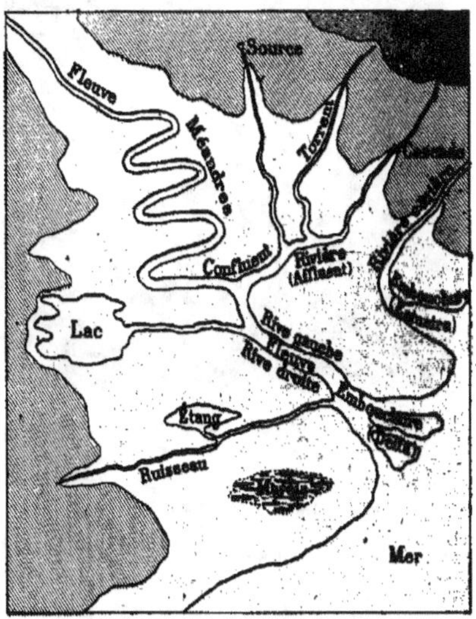

2. — Les cours d'eau et les lacs comme on les représente.

Exercice d'observation. — *1. Lisez les noms écrits sur a carte et indiquez les numéros auxquels ils correspondent dans le paysage. — 2. Indiquez les numéros du paysage et dites le nom correspondant, en vous servant de la carte si c'est nécessaire. — 3. Couvrez la carte avec une feuille de papier, et dites les noms correspondant aux numéros du paysage. — 4. Y a-t-il quelques cours d'eau dans notre localité ? — 5. Nommez-les en disant si c'est un ruisseau, une rivière ou un fleuve. — 6. A quelle rivière, à quel fleuve, ou à quelle mer, portent-ils leurs eaux ? — 7. Y a-t-il des lacs, des étangs, des marais, dans notre localité ? — Nommez-les, ainsi que les cours d'eau qui emportent le trop-plein de leurs eaux. — 8. Lisez les noms écrits sur la 3e image. — 9. Où va l'eau de pluie qui tombe en A et en B ? — 10. L'eau de pluie qui tombe en C et en D ira-t-elle au même fleuve que celle qui tombe en A et en B ? Pourquoi ? — 11. Comment appelle-t-on les hauteurs qui entourent un bassin ? — 12. Lisez les noms écrits sur la 4e image et la légende placée au-dessous. — 13. Que feriez-vous pour trouver la vitesse du courant ? — 14. Quel est le débit d'un cours d'eau de 4 mètres de large, 1 mètre de profondeur moyenne, et qui coule à la vitesse de 54 mètres à la minute ? — 15. Lisez les noms écrits sur la 5e image et la légende placée au-dessous. — 16. Même exercice pour la 6e image.*

Texte. — **1. Origine des cours d'eau.** — Les cours d'eau sont formés par les sources, par les eaux de ruissellement ou par les eaux provenant de la fonte des neiges et des glaciers.

2. Noms des cours d'eau. — D'après leur importance, les cours d'eau portent le nom de *ruisseau* ou de *torrent*, de *rivière* et de *fleuve*.

Les ruisseaux et les torrents sont de petits cours d'eau produits par les eaux de ruissellement ou par la fonte des neiges. Ils se distinguent les uns des autres, surtout par leur rapidité : les ruisseaux coulent tranquilles sur un sol peu accidenté, tandis que les torrents se précipitent des montagnes en écumant. *Ex. : ......*

Les rivières et les fleuves sont de grands cours d'eau formés par la réunion de ruisseaux ou de torrents. Une **rivière** se jette dans une autre rivière plus importante ou dans un fleuve ; on lui donne le nom de **rivière côtière** lorsqu'elle finit à la mer. Un **fleuve** est un cours d'eau considérable alimenté par des rivières, et qui se jette dans la mer. *Ex. : ......*

Un **affluent** est un cours d'eau qui s'unit à un autre plus important. *Ex. : ......*

Le **confluent** est l'endroit où deux cours d'eau se réunissent. *Ex. : ......*

3. Bassin et versant. — Le **bassin** d'une mer ou d'un fleuve est l'ensemble des territoires dont les eaux courantes vont à cette mer ou à ce fleuve. *Ex. : ......*

Un **versant** est une partie de bassin. *Ex. : ......*

La **ceinture** d'un bassin ou **ligne de partage des eaux** est la ligne des hauteurs, parfois très faibles, qui le séparent d'un autre bassin. *Ex. : ......*

4. Parties d'un cours d'eau. — La **source** d'un fleuve est l'endroit où il commence ; l'**embouchure**, l'endroit où il se jette dans la mer. Une embouchure s'appelle **estuaire** quand elle est très large ; **delta**, lorsqu'elle se divise en plusieurs bouches ou bras. *Ex. : ......*

Le **lit** d'un cours d'eau est le creux du sol dans lequel il coule, et où il est maintenu par ses rives ou ses bords.

L'**amont** d'un cours d'eau est la direction vers la source.

L'**aval** est la direction vers l'embouchure.

Remonter un cours d'eau, c'est aller vers l'amont ou la source, c'est-à-dire à l'opposé du courant ; **descendre** un cours d'eau, c'est aller vers l'aval ou l'embouchure, c'est-à-dire dans le sens du courant. *Ex. : ......*

On appelle **rive droite** la rive que l'on a à sa droite, et **rive gauche** la rive que l'on a à sa gauche, lorsqu'on est sur un cours d'eau le visage tourné dans le sens du courant. *Ex. : ......*

5. Divers aspects d'un fleuve. — Dans son **cours supérieur**, le fleuve est plus ou moins rapide : il creuse son lit, ronge ses rives et entraîne toutes sortes de matières qui rendent ses eaux troubles et boueuses.

Dans son **cours moyen**, lorsque les pentes s'adoucissent, le fleuve se calme, et il décrit souvent de nombreux *méandres* ou détours.

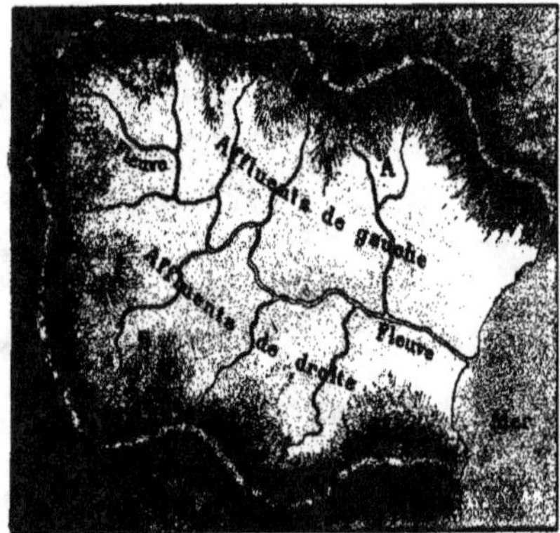

3. — Le bassin d'un fleuve.

4. — Le lit, les rives et le débit d'un cours d'eau.

Dans son **cours inférieur**, le fleuve se traine lentement et dépose le limon qu'il transportait.

6. Débit d'un cours d'eau. — Le **débit** d'un cours d'eau est la quantité d'eau qu'il roule par seconde.

Le débit dépend de l'étendue du bassin et de la quantité d'eau tombée. Il varie avec les saisons : les eaux baissent dans la saison sèche ; elles montent dans la saison humide.

7. Utilité des cours d'eau. — Les cours d'eau sont très utiles ; ils fertilisent le sol par l'irrigation et le colmatage ; ils portent des bateaux chargés de lourdes marchandises ; ils font tourner les roues et les turbines hydrauliques qui actionnent des meules de moulins ou des génératrices d'électricité.

Mais, quand ils débordent, ils deviennent nuisibles et produisent de terribles inondations.

8. Eaux dormantes. — Quand, sur leur parcours, les eaux rencontrent une dépression du sol, elles s'y accumulent. Ces *eaux dormantes* portent différents noms suivant leur étendue et leur profondeur ; elles s'appellent : *lacs*, *étangs* ou *marais*.

Un **lac** est une grande nappe d'eau au milieu des terres.

Le débit d'un cours d'eau égale le produit de la largeur du cours d'eau par sa profondeur moyenne et par la distance que parcourt le courant en une seconde. Le ruisseau ci-dessus, de 2 mètres de large, de 0^m40 de profondeur moyenne et dont l'eau coule à la vitesse de 0^m50 à la seconde, a un débit de $(2^m \times 0^m40 \times 0^m50 = 0^{m\,3}400)$ 400 décimètres cubes ou litres par seconde.

Un **étang** est un petit lac.

Un **marais** est une nappe d'eau peu profonde et couverte d'herbes.

Questionnaire. — 1. Par quoi sont formés les cours d'eau ? — 2. Quels sont les différents noms des cours d'eau ? — Qu'est-ce que les ruisseaux et les torrents ? — Par quoi se distinguent-ils les uns des autres ? — Qu'est-ce que les rivières ? — ...les fleuves ? — Qu'est-ce qu'un affluent ? — ...un confluent ? — 3. Qu'est-ce que le bassin d'une mer ou d'un fleuve ? — ...un versant ? — ...la ceinture d'un bassin ? — 4. Qu'est-ce que la source d'un fleuve ? — ...l'embouchure ? — Quel nom porte l'embouchure quand elle est très large ? — ...lorsqu'elle se divise en plusieurs branches ? — Qu'est-ce que le lit d'un cours d'eau ? — ...l'amont ? — ...l'aval ? — Qu'est-ce que remonter un cours d'eau ? — ...le descendre ? — Qu'appelle-t-on rive droite et rive gauche ? — 5. Quel est le caractère d'un fleuve dans son cours supérieur ? — ...dans son cours moyen ? — ...dans son cours inférieur ? — 6. Qu'est-ce que le débit d'un cours d'eau ? — De quoi dépend-il ? — Est-il toujours le même ? — 7. Quelle est l'utilité des cours d'eau ? — Quand deviennent-ils nuisibles ? — 8. Que forment les eaux lorsqu'elles rencontrent une dépression du sol ? — Quels sont les différents noms que portent les eaux dormantes ? — Qu'est-ce qu'un lac ? — ...un étang ? — ...un marais ?

Devoir écrit. — *Quel est le débit d'un cours d'eau de 3 mètres de large, 0 m. 60 de profondeur moyenne et qui coule à la vitesse de 48 mètres à la minute ?*

5. — Navigation, irrigation, colmatage.

Les cours d'eau assez profonds et réguliers sont utilisés pour la navigation, car les transports par eau sont quatre fois moins chers qu'en chemin de fer. — Irriguer, c'est arroser les terres au moyen de rigoles qui amènent l'eau. — Colmater, c'est exhausser et fertiliser les terrains bas ou stériles en amenant des eaux vaseuses qui déposent leur limon.

6. — Houille blanche.

L'eau, amenée de la montagne par des tuyaux très résistants fait tourner des turbines qui actionnent des dynamos génératrices d'électricité. L'électricité peut être utilisée sur place ou transportée au loin au moyen de câbles électriques. Elle est transformée en lumière et en force. L'image nous la montre employée à l'éclairage et à la traction des tramways.

11ᵉ Leçon. — LES GRANDES RÉGIONS CLIMATÉRIQUES

1. — Ce qu'on voit dans les régions équatoriales.

Des forêts, immenses et épaisses, d'arbres toujours verts. Des singes agiles à grimper aux arbres dont ils mangent les fruits.

De gros serpents et des crocodiles, sortes de grands lézards d'une extrême voracité.

Des perroquets, des colibris et des papillons aux brillantes couleurs.

Exercice d'observation.
— 1. *Lisez les noms écrits sur la 1ʳᵉ image et la légende placée au-dessous.* — 2. *Nommez les animaux, figurés sur cette image, qui grimpent aux arbres ?* — *...ceux qui volent dans le feuillage ?* — *...ceux qui rampent sur le sol ?* — 3. *A quel animal de nos pays ressemble le plus le crocodile ?* — 4. *Lisez les noms écrits sur la 2ᵉ image et la légende placée au-dessous.* — 5. *Comment appelle-t-on les vastes étendues herbeuses parsemées de quelques arbres ?* — 6. *Comment appelle-t-on les animaux qui se nourrissent d'herbes ?* — *...ceux qui se nourrissent de chair ?* — *...ceux qui peuvent vivre soit sur terre, soit dans l'eau ?* — 7. *Qu'est-ce qui caractérise l'éléphant ?* — *...le rhinocéros ?* — *...la girafe ?* — 8. *A quel petit animal de nos pays le tigre ressemble-t-il ?* — 9. *Quel est le plus grand de tous les oiseaux ?* — *Pourquoi ne peut-il pas voler ?* — 10. *Lisez les noms écrits sur la 3ᵉ image et la légende placée au-dessous.* — 11. *Quel nom donne-t-on aux vastes étendues sans eau et sans verdure ?* — 12. *Pourquoi y a-t-il des oasis dans certaines parties du désert ?* — 13. *A quoi peut-on comparer les oasis ?* — 14. *Comment voyage-t-on dans le désert ?* — 15. *Lisez les noms écrits sur la 4ᵉ image et la légende placée au-dessous.* — 16. *Quelle différence y a-t-il entre la plupart des arbres des régions tempérées et ceux des régions équatoriales ?* — 17. *Nommez quelques cultures des régions tempérées.* — 18. *Quels sont les légumes et les arbres fruitiers représentés sur cette image ?* — 19. *Quels sont les animaux qui paissent dans les prairies et les pâturages ?* — 20. *Nommez les animaux de basse-cour qui figurent sur l'image.* — 21. *Lisez les noms écrits sur la 5ᵉ image et la légende placée au-dessous.* — 22. *Qu'est-ce que les icebergs ?* — 23. *Nommez deux plantes des régions polaires.* — 24. *Quel est le plus grand de tous les animaux ?* — 25. *Nommez deux animaux amphibies des régions polaires.* — 26. *Qu'est-ce qui distingue le morse du phoque ?* — 27. *Nommez un palmipède de ces régions.* — 28. *Quelle est la couleur des ours de ces pays ?* — 29. *Y a-t-il des ours d'autres couleurs ?* — *Où vivent-ils ?* — 30. *Quel est le nom des voitures de ces pays glacés ?* — 31. *Pourquoi les appelle-t-on ainsi ?* — 32. *Parmi ces cinq images, quelle est celle qui représente ce qu'on voit dans nos pays ?* — 33. *A quelle région climatérique appartient notre pays ?*

Texte. — **1. Climat.** — Le climat d'un pays est son état général de température et d'humidité. Il dépend de la quantité de chaleur et de pluie que reçoit ce pays.

La mer a une grande influence sur le climat des régions qu'elle avoisine. Les climats qui subissent son influence sont appelés *climats maritimes* ; les autres sont les *climats continentaux.*

Le climat maritime est humide et constant. Les régions voisines de la mer ont généralement des pluies fréquentes ; les froids de l'hiver et les chaleurs de l'été y sont tempérés par l'influence de la mer.

Le climat continental est sec et excessif. Les régions éloignées des mers ont ordinairement peu de pluies, des étés très chauds et des hivers très froids.

2. Régions climatériques. — En général, une région est d'autant plus chaude qu'elle est plus près de l'équateur, parce qu'elle reçoit plus d'aplomb les rayons du soleil.

On distingue cinq grandes régions climatériques : les régions *équatoriales*, les régions *tropicales*, les régions *subtropicales* ou *désertiques*, les régions *tempérées* et les régions *polaires*.

3. Régions équatoriales. — Les régions équatoriales ont des chaleurs fortes et constantes ; des pluies très abondantes tombent presque tous les jours en violentes averses.

La végétation, vigoureuse et touffue, forme d'immenses forêts d'arbres toujours verts.

Dans ces régions vivent des oiseaux et des papillons aux brillantes couleurs ; des singes agiles à grimper aux arbres dont ils mangent les fruits ; d'énormes serpents et des crocodiles qui rampent sur le sol ou vivent dans les eaux.

4. Régions tropicales. — Les régions tropicales ont des chaleurs fortes et constantes ; la répartition des pluies divise l'année en deux saisons : la saison sèche, en hiver, et la saison humide, en été, où il pleut abondamment et presque tous les jours.

Ces régions toujours chaudes, mais tantôt sèches et tantôt humides, sont couvertes de savanes, vastes étendues où croissent de hautes herbes parsemées de quelques arbres.

On y rencontre les plus gros animaux terrestres : des

2. — Ce qu'on voit dans les régions tropicales.

Des savanes, vastes étendues où croissent de hautes herbes parsemées de quelques arbres.

Des herbivores, ou mangeurs d'herbes, comme l'éléphant, remarquable par sa trompe et ses défenses d'ivoire ; le rhinocéros, qui porte une ou deux cornes sur le nez ; l'hippopotame, dont le nom signifie *cheval de fleuve*, animal *amphibie*, c'est-à-dire qui peut vivre soit sur terre, soit dans l'eau ; la girafe, à la haute taille et au cou très allongé.

Des carnassiers, ou mangeurs de chair, comme le lion et le tigre.

Des autruches, oiseaux coureurs, dont les ailes sont trop faibles pour voler : ce sont les plus grands de tous les oiseaux.

herbivores comme l'éléphant, le rhinocéros, l'hippopotame et la girafe ; des carnassiers comme le lion et le tigre ; enfin l'autruche, le plus gros des oiseaux.

5. Régions subtropicales ou désertiques. — Les régions **désertiques** des zones subtropicales ont des températures excessives ; les étés sont très chauds et les hivers assez froids ; les pluies sont très rares, toujours accidentelles et produites par des orages.

Le chameau est à peu près le seul animal remarquable qui puisse vivre dans ces régions où ne croissent que quelques touffes d'herbes dures.

Il y a des sources dans quelques parties des déserts. Ces endroits sont fertiles et peuplés : on les appelle **oasis**, ce sont comme des îlots de verdure au milieu d'un océan de sable.

6. Régions tempérées. — Les régions tempérées n'ont ni chaleurs excessives, ni froids rigoureux. Les pluies sont modérées et tombent en toute saison. Les parties montagneuses ont des forêts et des pâturages ; les plaines produisent des céréales, des légumes et des arbres fruitiers. Dans ces régions, on élève la plupart des animaux domestiques : les chevaux et les bœufs, les brebis et les porcs, les oies et les poules.

7. Régions polaires. — Les régions polaires sont excessivement froides. Le sol, presque toujours couvert de neige ou de glace, ne produit que des mousses et des lichens. Dans ces régions glacées on trouve en abondance toutes sortes de poissons et d'énormes baleines ; des amphibies comme les phoques et les morses, et des palmipèdes comme les manchots. Les animaux terrestres sont plus rares, les principaux sont les ours blancs et les rennes.

Questionnaire. — 1. Qu'est-ce que le climat ? — De quoi dépend-il ? — La mer a-t-elle quelque influence sur le climat des régions qu'elle avoisine ? — Comment appelle-t-on les climats qui subissent son influence ? — ...ceux qui ne le subissent pas ? — Que savez-vous du climat maritime ? — ...du climat continental ?

3. — Ce qu'on voit dans les régions désertiques :

De vastes étendues presque sans eau, où ne croissent que quelques touffes d'herbes dures.

Des oasis, sortes d'îlots de verdure au milieu d'un océan de sable.

Des caravanes de chameaux qui parcourent le désert d'une oasis à 'autre.

— 2. Pourquoi le climat d'une région est-il d'autant plus chaud que cette région est plus proche de l'Équateur ? — Combien distingue-t-on de grandes régions climatériques ? — Nommez-les. — 3. Que savez-vous de la chaleur et des pluies des régions équatoriales. — ...de la végétation ? — ...des animaux qui vivent dans ces régions ? — 4. Parlez de la chaleur et des pluies des régions tropicales ? — ...de la végétation ? — ...des animaux qu'on y rencontre. — 5. Que sont la température et les pluies des régions désertiques ? — Nommez un animal remarquable de ces régions ? — Y a-t-il des sources dans quelques parties des déserts ? — Que sont ces endroits ? — Comment les appelle-t-on ? — A quoi peut-on les comparer ? — 6. Que savez-vous de la température et des pluies des régions tempérées ? — Quelle est la végétation des parties montagneuses ? — Que cultive-t-on dans les plaines ? — Quels animaux y élève-t-on ? — 7. Quel est le climat des régions polaires ? — Nommez quelques plantes de ces régions glacées ? — ...quelques animaux.

Devoir écrit. — 1. *Copiez, au singulier, de gauche à droite et de haut en bas, le nom des animaux représentés dans chacune des images de cette leçon. — 2. Indiquez la végétation que l'on rencontre en allant de l'Équateur au Pôle.*

4. — Ce qu'on voit dans les régions tempérées :

Des **forêts** de chênes, de hêtres et de châtaigniers qui perdent leurs feuilles en hiver.

Des **champs** où l'on cultive du blé ; des **jardins potagers** qui produisent des légumes ; des **vergers** plantés d'arbres fruitiers.

Des **prairies** et des **pâturages** où paissent des chevaux, des bœufs, des vaches laitières et des moutons.

Des **cours de ferme** où l'on élève des porcs, des oies, des coqs et des poules.

5. — Ce qu'on voit dans les régions polaires :

Des **icebergs** ou montagnes de glace, énormes glaçons flottants.

Un **sol** couvert de neige et de glace, où ne croissent que des mousses et des lichens.

Des **baleines**, les plus gros de tous les animaux.

Des **amphibies**, comme les phoques et les morses.

Des **palmipèdes**, oiseaux dont le pied est conformé pour nager comme les manchots.

Des **ours blancs** et des rennes attelés à des traîneaux.

12ᵉ Leçon. — POPULATION, RACES, RELIGIONS ET CIVILISATION

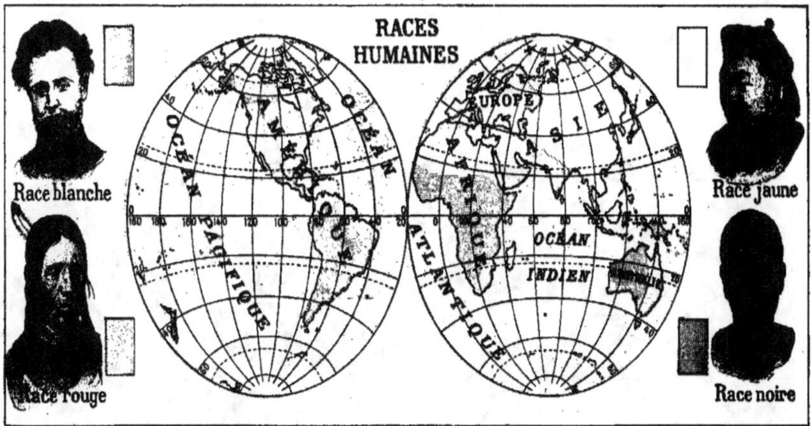

Exercice d'observation. —*1. Quelle est la couleur affectée à chaque race dans cette carte ? — 2. D'après l'étendue des couleurs, quelle race occupe le plus de place sur le globe ? — Quelle est celle qui en occupe le moins ? — 3. Quelle est la race qui domine en Europe, en Asie, en Afrique, en Amérique, en Australie ? — 4. Que représente la 2ᵉ image ? — 5. Lisez les noms écrits sur cette image. — 6. Que font les personnes représentées dans cette gravure ? — 7. A quelle race appartiennent-elles ? — 8. Comment s'appelle l'habitation de ces sauvages ? — 9. Que vous montre la 3ᵉ image ? — 10. Lisez les noms écrits sur cette image. — 11. Que font les personnes représentées dans cette gravure ? — 12. Comment appelle-t-on l'habitation des nomades ? — 13. Que représente la 4ᵉ image ? — 14. Lisez, de gauche à droite et de bas en haut, les noms écrits sur cette image.*

Texte. — **1. Population.** — La population totale du Globe est d'environ un milliard sept cents millions d'habitants, soit 227 fois celle de la Belgique.

2. Races humaines. — Les hommes descendent tous d'Adam, et ne constituent qu'une seule espèce humaine. Mais, d'après la couleur de la peau et la forme du visage, on distingue **quatre races principales** : la *race blanche*, la *race jaune*, la *race noire* et la *race rouge*.

3. Race blanche. — La race blanche a la peau blanc rosé, le visage ovale et les cheveux souvent ondulés. Elle domine les autres races par le nombre et par sa civilisation. Elle peuple l'Europe, presque toute l'Amérique et l'Australie, le nord et l'extrémité sud de l'Afrique, ainsi que le sud-ouest de l'Asie.

4. Race jaune. — La race jaune a la peau jaunâtre, les pommettes saillantes, les yeux obliques, les cheveux lisses et noirs. Les Jaunes sont de petite taille ; leur civilisation très ancienne est restée longtemps stationnaire ; ils peuplent le centre et l'est de l'Asie.

5. Race noire. — La race noire a la peau noirâtre, les lèvres épaisses, le nez large et aplati, les cheveux crépus comme de la laine. Les Noirs ont une civilisation très arriérée. Ils peuplent les régions chaudes du centre et du sud de l'Afrique.

6. Race rouge. — La race rouge a la peau brunâtre. Les Peaux-Rouges ou Indiens sont les descendants de l'ancienne population de l'Amérique.

7. Religions. — Tous les peuples ont l'idée d'un Dieu qui a créé et gouverne le monde.

Le **christianisme**, la seule véritable religion, fondée par Notre-Seigneur Jésus-Christ, domine en Europe et en Amérique ; le **mahométisme** est répandu en Asie occidentale et en Afrique septentrionale ; le **judaïsme** est la religion des Juifs dispersés dans l'univers ; le **paganisme**, ou religion des païens, est le culte des idoles ; il domine parmi les Jaunes, en Asie centrale et orientale, et parmi les Noirs, en Afrique.

2. — Ce qu'on voit chez les sauvages.

3. — Ce qu'on voit chez les nomades.

4. — Ce qu'on voit dans les pays civilisés.

8. Civilisation. — La civilisation est à la fois morale et matérielle. Elle se manifeste par l'observation du Décalogue ou de la loi naturelle gravée par Dieu au fond de toutes les consciences, et par l'assujettissement de la nature aux besoins de l'homme. Elle comprend trois principaux degrés : les *sauvages*, les *nomades* et les *civilisés*.

a) Les **sauvages** ne possèdent que quelques traces informes de civilisation : ils ne demandent guère à la terre que ce qu'elle produit sans culture, et demeurent isolés par familles, ou groupés en tribus sous des chefs souvent tyranniques.

b) Les **nomades** n'ont qu'une demi-civilisation : ce sont des pasteurs ; ils vivent sous des tentes portatives et sont soumis à des chefs de famille ou de tribu.

c) Les **civilisés** ont atteint un haut degré de civilisation. Ils obéissent à des lois religieuses, morales, civiles et politiques. Ils font produire à la nature tout ce qui leur est nécessaire : ils travaillent le sol par l'*agriculture*, transforment ses produits par l'*industrie* et les échangent par le *commerce*. Ils ont établi des *voies de communication*, et se sont groupés en *nations* avec des *gouvernements* de leur choix.

9. Agriculture. — L'agriculture est le travail des champs. Les *agriculteurs* ou *cultivateurs* vivent à la campagne dans des **fermes** isolées, des **hameaux**, des **villages** et des **bourgs**.

10. Industrie. — L'industrie transforme les matières premières en objets utiles. Les *industriels* et les *ouvriers* qu'ils emploient, travaillent dans des usines, des fabriques, des ateliers. Une ville **industrielle** est celle où il y a beaucoup d'usines, de fabriques ou d'ateliers.

11. Commerce. — Le commerce est l'achat ou la vente des produits de l'agriculture ou de l'industrie. Les *commerçants* ou *marchands* demeurent généralement à la **ville**, dans des magasins ou des boutiques.

12. Voies de communication. — On distingue : 1º les *voies terrestres* : routes et chemins de fer ; 2º les *voies navigables* : fleuves, canaux et mers ; 3º les *voies aériennes*.

a) Sur les **routes**, on voyage à pied, à bicyclette, à cheval, en voiture ou en automobile.

b) L'établissement des **chemins de fer** exige de grands travaux : des *ponts* sur les fleuves, des *viaducs* sur les vallées profondes, des *tunnels* à travers les montagnes.

c) Les **canaux** sont des cours d'eau navigables creusés par l'homme. Dans les pentes trop rapides, ils sont munis d'*écluses* qui permettent aux bateaux de monter et de descendre leurs cours.

d) La **navigation maritime** se fait au moyen de grands navires. Ceux qui vont d'Europe en Amérique à travers l'Atlantique sont des *transatlantiques*.

e) **On voyage dans les airs** à l'aide de *dirigeables* et d'*avions*, dont la vitesse peut atteindre 300 km. à l'heure. C'est le moyen de locomotion le plus rapide.

13. Nation, Patrie. — Un peuple ou une **nation** est un ensemble d'hommes ayant mêmes origines, mêmes mœurs, et souvent même langue et même religion. La **Patrie**, c'est le pays de nos pères. *Ex. :* ......

14. État, Gouvernement. — Un **État** est un pays soumis aux mêmes lois et à un même gouvernement.

Le **Gouvernement** d'un peuple ou d'un pays porte, selon sa forme, le nom de *monarchie* (royaume ou empire), ou de *république*. *Ex. :* ......

Questionnaire. — **1.** Quelle est la population totale du Globe ? — **2.** De qui descendent tous les hommes ? — Comment les a-t-on divisés ? — **3.** Que savez-vous de la race blanche ? — **4.** ...de la race jaune ? — **5.** ...de la race noire ? — **6.** ...de la race rouge ? — **7.** Tous les peuples ont-ils l'idée d'un Dieu ? — Quelles sont les principales religions et où dominent-elles ? — **8.** Qu'est la civilisation ? — Quels degrés comprend-elle ? — *a)* que savez-vous des sauvages ? — *b)* ...des nomades ? — *c)* ...des civilisés ? — **9.** Qu'est-ce que l'agriculture ? — Où vivent les agriculteurs ? — **10.** Que fait l'industrie ? — Où travaillent les industriels et les ouvriers ? — Qu'est-ce qu'une ville industrielle ? — **11.** Qu'est-ce que le commerce ? — Où demeurent les commerçants ? — **12.** Quelles sont les différentes voies de communication ? — *a)* Comment voyage-t-on sur les routes ? — *b)* Quels travaux exige l'établissement des chemins de fer ? — *c)* Qu'est-ce que les canaux ? — De quoi sont-ils munis dans les fortes pentes ? — *d)* Comment se fait la navigation maritime ? — Comment appelle-t-on les navires qui traversent l'Atlantique ? — *e)* Comment voyage-t-on dans les airs ? — **13.** Qu'est-ce qu'un peuple ? — Qu'est-ce que la Patrie ? — **14.** Qu'est-ce qu'un État ? — Quel nom donne-t-on au gouvernement d'un pays ?

Devoir écrit. — *1. Quelles sont les choses représentées dans la 4ᵉ gravure et qui se trouvent aux environs de notre localité ? — 2. A quelle race, à quel peuple et à quelle religion appartenons-nous ? — 3. Quelle est notre patrie ? — 4. Quel est le gouvernement de notre pays ?*

13e Leçon. — L'AMÉRIQUE

Exercice d'observation. — 1. *En consultant la carte, dites quels sont les Océans qui bornent l'Amérique.* — 2. *Comment nomme-t-on le courant marin qui va d'Amérique en Europe ?* — 3. *Quelles sont les grandes divisions de l'Amérique ?* — 4. *Quel est l'archipel situé entre les deux Amériques ?* — 5. *Lisez le nom des fleuves de l'Amérique et indiquez la direction de leur cours.* — 6. *Quels sont les pays de l'Amérique qui touchent au Pacifique ? — ...à l'Atlantique ? — ...à la fois aux deux Océans Pacifique et Atlantique ? — ...ceux qui ne touchent à aucun Océan ?*

Texte. — **1. Bornes et étendue.** — L'Amérique s'étend de l'*Océan Glacial Arctique* à l'*Océan Glacial Antarctique*, entre l'*Océan Atlantique* et l'*Océan Pacifique*. Elle est quatre fois plus étendue que l'Europe.

2. Divisions. — L'Amérique comprend quatre parties : l'*Amérique du Nord* et l'*Amérique du Sud* réunies entre elles par une suite d'isthmes formant l'*Amérique Centrale* ; enfin, le grand archipel des *Antilles*.

3. Relief. — L'Amérique du Nord comprend les immenses *plaines du Mackenzie* et du *Mississipi* bordées, à l'Est, par les *Laurentides* et les *Alleghanys*, et à l'Ouest, par l'énorme chaîne des *Monts Rocheux* qui supporte de grands plateaux déserts. Le relief de l'Amérique du Sud ressemble à celui de l'Amérique du Nord. Il est formé de la *vaste plaine de l'Amazone*, bordée, au Nord-Est, par les *Monts de la Guyane ;* au Sud-Est par les *Monts du Brésil*, et à l'Ouest par la *haute chaîne de la Cordillère des Andes.*

4. Climat. — L'Amérique s'étend d'une mer polaire à l'autre, aussi possède-t-elle tous les climats, depuis le plus froid jusqu'au plus chaud. A cause des courants marins, le climat du littoral de l'Atlantique est plus rude, à latitudes égales, en Amérique qu'en Europe.

5. Cours d'eau et Lacs. — Les immenses plaines de l'Amérique du Nord sont traversées par trois grands fleuves : le **Mackenzie** ; le **Saint-Laurent** qui sert de déversoir aux cinq grands lacs américains : *Supérieur, Michigan, Huron, Erié* et *Ontario*, et forme la célèbre *Cataracte du Niagara* (*Voir 2e page de la couverture,* 1re *image*) ; le **Mississipi** qui forme, avec son affluent le *Missouri*, le plus long fleuve du monde.

La vaste plaine de l'Amérique du Sud est sillonnée par trois fleuves : l'**Orénoque** ; l'**Amazone**, le premier fleuve du monde par l'étendue de son bassin (234 fois la Belgique) ; le **Rio de la Plata**, formé par l'*Uruguay* et le *Parana* grossi du *Paraguay.*

6. Population et races. — L'Amérique est peuplée de 220 *millions* d'habitants, en majorité d'origine européenne.

L'Amérique du Nord a été peuplée surtout par les Anglais ; cependant, les Français y forment un groupe important. La langue anglaise et le protestantisme y dominent, mais la langue française et le catholicisme ont de nombreux représentants au Canada.

Le Mexique, l'Amérique Centrale, les Antilles et l'Amérique du Sud ont été peuplés surtout par les *Espagnols*. La langue espagnole et le catholicisme y dominent.

Il y a de plus, en Amérique, des *nègres* descendants des esclaves emmenés d'Afrique, et des *Peaux-Rouges* ou *Indiens*, anciens habitants du pays.

7. États. — I. L'**Amérique du Nord** comprend trois grands États : le *Canada, les Etats-Unis* et le *Mexique.*

a) Le **Canada** dépend de l'Angleterre mais se gouverne librement. Il est presque aussi grand que l'Europe et compte 9 millions d'habitants, dont 8 sont groupés dans la région du Saint-Laurent. Une grande voie ferrée, le *Pacifique canadien*, va d'Halifax, sur l'Atlantique, à Vancouver, sur le Pacifique.

Le Canada est stérile au Nord, mais très fertile au Sud, le long du Pacifique canadien ; il produit beaucoup de bois et de fourrures, de céréales et de bétail ; il a des mines d'or. Sa capitale est *Ottawa ;* les villes principales sont *Québec* (*Voir 2e p. de la couverture, 2e image*), *Montréal, Toronto* et *Winnipeg.*

L'*Ile de Terre-Neuve* appartient aux Anglais.

b) Les **États-Unis** (300 fois l'étendue de la Belgique) comptent 110 millions d'habitants. Leur capitale est *Washington ;* 54 de leurs villes ont plus de 100.000 habitants. Les principales sont : *New-York* (6 millions d'h.), le premier port du monde (*Voir 2e page de la couverture,* 3e *image*) ; *Philadelphie* (1.900.000 h.) et *Boston*, autres ports sur l'Atlantique, *Chicago* (2.700.000 h.), *Saint-Louis, Nouvelle Orléans* et *San Francisco*

Parmi les grandes lignes qui vont de l'Atlantique au Pacifique, quatre unissent directement New-York à San Francisco : le *Nord-Pacifique* et le *Central-Pacifique* par Chicago ; le *Pacifique-Atlantique* par Saint-Louis, et le *Sud-Pacifique* par la Nouvelle-Orléans.

Les **États-Unis** produisent beaucoup de céréales et de coton, élèvent d'immenses troupeaux de bœufs, de moutons et de porcs (*Voir 2e page de la couverture,* 4e *image*) et possèdent d'abondantes mines d'or et d'argent, de fer, de houille et de pétrole.

L'**Alaska** appartient aux États-Unis.

c) Le **Mexique**, capitale *Mexico*, a des mines d'argent et de pétrole.

II. L'**Amérique Centrale** est formée d'une suite d'isthmes dont le plus étroit, celui de Panama, a été coupé par un canal qui abrège considérablement la navigation entre l'Atlantique et le Pacifique. (*Voir 2e page de la couverture,* 5e *image.*) Elle comprend six républiques : **Guatémala, Salvador, Honduras, Nicaragua, Costa-Rica** et **Panama.**

III. Les **Antilles** forment un grand archipel comprenant trois Républiques : **Cuba, Haïti** et **Saint-Domingue**, et des colonies : **Porto-Rico** appartient aux États-Unis ; la **Jamaïque** et la **Trinité** à l'Angleterre, la **Guadeloupe** et la **Martinique** à la France.

IV. L'**Amérique du Sud** comprend trois colonies européennes : la **Guyane anglaise**, la **Guyane hollandaise** et la **Guyane française**, et dix Républiques ; cinq dans les plaines orientales : le **Vénézuéla**, capitale *Caracas ;* le **Brésil**, capitale *Rio de Janeiro ;* le **Paraguay**, capitale *Assomption ;* l'**Uruguay**, capitale *Montévidéo*, et l'**Argentine**, capitale *Buenos Aires ;* cinq dans la région montagneuse des Andes : la **Colombie**, capitale *Bogota ;* l'**Équateur**, capitale *Quito ;* le **Pérou**, capitale *Lima ;* la **Bolivie**, capitale *La Paz*, et le **Chili**, capitale *Santiago.*

a) Le **Brésil** (280 fois la Belgique) compte 31 millions d'habitants groupés surtout sur la côte méridionale où sont établies les principales villes : *Rio de Janeiro* (980.000 h.) la capitale, ainsi que *Bahia* et *Pernambouc.* Le Brésil produit plus de café que le reste du monde ; on le cultive au Sud-Est, dans la région de *Sao-Paulo ;* l'immense forêt de l'Amazone fournit des bois précieux et du caoutchouc.

b) L'**Argentine** (90 fois la Belgique) compte 9 millions d'habitants. La capitale est *Buenos Aires* (1.640.000 h.), port sur le Rio de la Plata. Dans les pampas on élève d'immenses troupeaux et l'on cultive des céréales qui servent à l'exportation. Parmi ses voies ferrées, l'une, le *Transandin*, unit Buenos Aires, sur l'Atlantique, à Valparaiso, sur le Pacifique.

Questionnaire. — **1.** Où est située l'Amérique ? — Quelles sont ses bornes ? — Quelle est son étendue ? — **2.** Quelles sont ses grandes divisions ? — **3.** Que savez-vous du relief de l'Amérique du Nord ? — ...de celui de l'Amérique du Sud ? — **4.** ..du climat de l'Amérique ? — **5.** Nommez trois grands fleuves de l'Amérique du Nord. — Quels sont les grands fleuves de l'Amérique du Sud ? — **6.** Quelle est la population de l'Amérique ? — Par qui l'Amérique du Nord a-t-elle été peuplée ? — Quelle langue et quelle religion y dominent ? — Par qui a été peuplé le reste de l'Amérique ? — Quelle langue et quelle religion y dominent ? — Quelles autres races habitent encore en Amérique ? — **7.** I. Nommez les grands États de l'Amérique du Nord. — *a)* De qui dépend le Canada ? — Quelle est son étendue ? — ...sa population ? — Que savez-vous de ses chemins de fer ? — ...de ses productions ? — ...de ses villes ? — A qui appartient l'Ile de Terre Neuve ? — *b)* Quelle est l'étendue et la population des États-Unis ? — Quelle en est la capitale ? — Nommez-en les principales villes. — ...quelques productions. — A qui appartient l'Alaska ? — *c)* Nommez la capitale et citez quelques produits du Mexique. — II. De quoi est formée l'Amérique Centrale ? — Quelle est l'utilité du Canal de Panama ? — Quelles sont les républiques de l'Amérique centrale ? — III. Que comprennent les Antilles ? — IV. Quelles colonies européennes comprend l'Amérique du Sud et combien de républiques ? — Nommez celles des plaines orientales et celles de la région des Andes. — *a)* Que savez-vous de l'étendue, de la population, des principales villes et des productions du Brésil ? — *b)* de l'Argentine ?

Devoir écrit. — 1. *Exercice 1 du Cahier de Croquis.* — 2. *Nommez les fleuves de l'Amérique et indiquez leur source, les pays qu'ils arrosent, les villes qu'ils traversent et les océans où ils se jettent.*

14ᵉ Leçon. — L'OCÉANIE

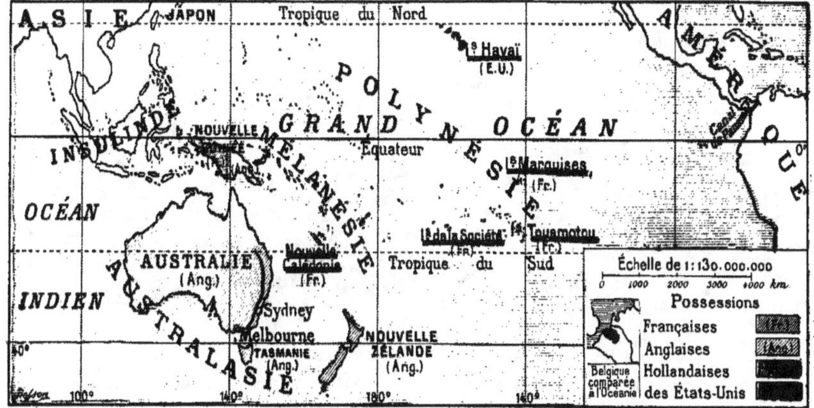

Exercice d'observation. — 1. *Nommez, en regardant la carte, les cinq plus grandes terres de l'Océanie.* — 2. *Quelles sont les terres océaniennes situées au delà des tropiques ?* — 3. *Quelle distance y a-t-il entre la Nouvelle-Calédonie et le Canal de Panama ?* — 4. *Lisez la légende placée au-dessous de l'image.*

Texte. — **1. Situation et étendue.** — L'Océanie est l'ensemble des îles de l'Océan Pacifique. On en excepte les îles voisines de l'Amérique et de l'Asie : ainsi le Japon et l'Insulinde dépendent de l'Asie. L'ensemble de ces îles égale 306 fois la superficie de la Belgique.

2. Divisions. — L'Océanie forme trois grandes divisions :

a) A l'Ouest, l'**Australasie**, comprenant l'*Australie*, la *Tasmanie* et la *Nouvelle-Zélande*.

b) Au Centre : la **Mélanésie**, ou îles des Noirs, comprenant la *Nouvelle-Guinée* et la *Nouvelle-Calédonie*.

c) A l'Est : la **Polynésie**, peuplée d'habitants à peau presque blanche, pacifiques mais indolents.

3. Climat et productions. — L'Australie méridionale, la Tasmanie et la Nouvelle-Zélande ont un **climat tempéré** qui convient à la culture des *céréales* et à l'élevage des *bœufs* et surtout des *moutons*. L'eucalyptus, le kangourou et l'ornithorynque sont originaires de l'Australie.

Les autres îles océaniennes ont un **climat tropical**, tempéré par les brises marines ; il y a beaucoup de *cocotiers*.

4. Partage politique. — Toutes les terres océaniennes appartiennent à des étrangers, surtout à l'Angleterre, à la France, aux États-Unis et à la Hollande.

a) L'Angleterre possède toute l'*Australasie* (Australie, Tasmanie et Nouvelle-Zélande) et la moitié orientale de la Nouvelle-Guinée.

L'Australie est un vaste plateau déprimé au centre et bordé de montagnes, assez hautes à l'Est. Faute de pluie, tout l'intérieur est désert ; aussi, cette contrée, 270 fois plus grande que la Belgique, n'a pas cinq millions d'habitants. La population, presque entièrement d'origine anglaise, est surtout groupée au Sud-Est, où se trouvent les grandes villes de *Sydney* et *Melbourne*. L'Australie est riche en *mines d'or* et de *houille*. Elle élève, ainsi que la Nouvelle-Zélande, d'immenses troupeaux de *moutons* dont la laine est exportée en Europe.

b) La France possède la Nouvelle-Calédonie et plusieurs archipels polynésiens : les îles **Marquises**, **Touamotou** et de la **Société**.

c) Les États-Unis possèdent les îles **Havaï**.

d) Les Hollandais sont maîtres de la moitié occidentale de la Nouvelle-Guinée, en face de leurs possessions de l'Insulinde.

Quelques végétaux et animaux de l'Océanie.

Le cocotier est l'arbre par excellence des archipels polynésiens. Son fruit, la noix de coco, de la grosseur d'une tête d'homme, renferme une amande très nutritive, dont on peut extraire de l'huile.

L'eucalyptus peut atteindre 150 mètres de haut. Par sa croissance rapide, il absorbe beaucoup d'eau et assainit les lieux marécageux où on le plante.

Le kangourou est un curieux animal d'Australie. Il a quatre pattes, mais ne se sert, pour marcher, que de celles de derrière ; il se maintient en équilibre au moyen de la queue. Il a une poche sous le ventre pour abriter ses petits.

L'ornithorynque a un bec et pond des œufs comme les oiseaux ; il a une fourrure et allaite ses petits comme les mammifères.

Les moutons de l'Australie et de la Nouvelle-Zélande sont originaires d'Europe.

Questionnaire. — 1. Qu'est-ce que l'Océanie ? — Quelle est son étendue ? — 2. Nommez les grandes divisions de l'Océanie et les îles qui en dépendent. — 3. Parlez du climat et des productions de l'Océanie. — 4. Quelles sont les puissances qui se partagent l'Océanie ? — *a)* Que possède l'Angleterre ? — Que savez-vous du relief de l'Australie ? — ...de son étendue ? — ...de sa population ? — ...de ses villes ? — ...de ses produits ? — *b)* Quelles sont, en Océanie, les possessions de la France ? — *c)* ...des États-Unis ? — *d)* ...des Hollandais ?

Devoir écrit. — 1. *Exercice 2 du Cahier de Croquis.* — 2. *Nommez les cinq plus grandes terres de l'Océanie, et dites à qui elles appartiennent.*

SUPPLÉMENT D'ILLUSTRATION POUR L'AFRIQUE ET L'ASIE

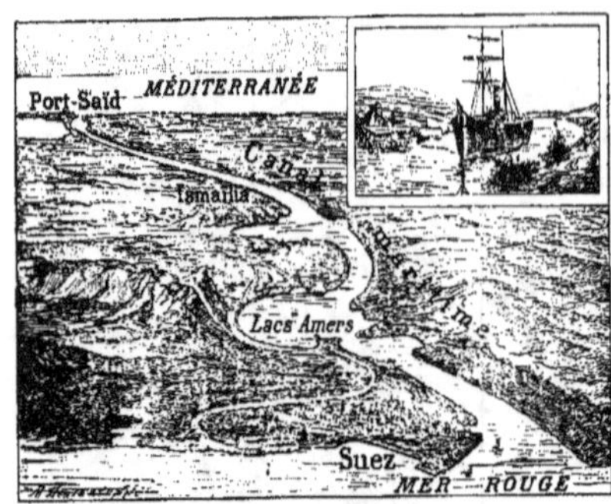

1. — Le Canal de Suez a été ouvert à la navigation en 1869. Il mesure 162 km. de long, 100 mètres de large à la surface et 22 mètres au fond ; la profondeur est de 10 mètres. Aux navires qui vont d'Europe en Asie, il raccourcit la route d'environ 12.000 km. et 30 jours de traversée.

2. — Le Cap doit son importance au mouvement de son port, un des plus fréquentés des mers australes. La ville est bâtie au fond d'une baie et entre la montagne de la Table, dont le sommet aplati et chauve s'élève à 1.150 mètres de hauteur, et la Tête du Lion, à droite de l'image.

3. — La Toundra est une plaine glacée ou marécageuse, suivant la saison. En hiver elle est couverte de neige. Pendant les deux ou trois mois d'été, la neige fond, mais le sous-sol reste gelé et imperméable ; aussi les eaux s'étalent et forment des marécages d'où émergent quelques monticules couverts de mousses et de lichens, dont se nourrissent les rennes.

4. — La Jungle est une sorte de prairie formée de hautes herbes. C'est la région préférée des tigres. De grandes chasses leur sont périodiquement données, à dos d'éléphants domestiques, par des troupes nombreuses qu'organisent les chefs du pays. Ici, du milieu de la jungle, on voit bondir un tigre cherchant à sortir du cercle de chasseurs qui l'entoure.

5. — La ville impériale de Pékin. — Pékin forme un vaste rectangle divisé en trois parties par des enceintes fortifiées : au sud, la ville chinoise ou commerçante ; au nord, la ville tartare ou militaire, qui renferme la ville impériale ou administrative. Le Palais est à l'intérieur de la ville impériale : il est entouré d'un mur crénelé percé de quatre portes et bordé d'un fossé comme le représente l'image.

6. — La Mecque et la Kaaba. — La Mecque est la patrie de Mahomet et la ville sainte des Musulmans ; elle possède une grande mosquée formée d'une vaste cour rectangulaire, de 150 mètres sur 125, entourée d'arcades. Au milieu se trouve la Kaaba, petite salle de 12 mètres sur 10 et de 6 mètres de haut, dans laquelle des lampes d'or et d'argent brûlent en l'honneur de la Divinité.

15ᵉ Leçon. — L'AFRIQUE

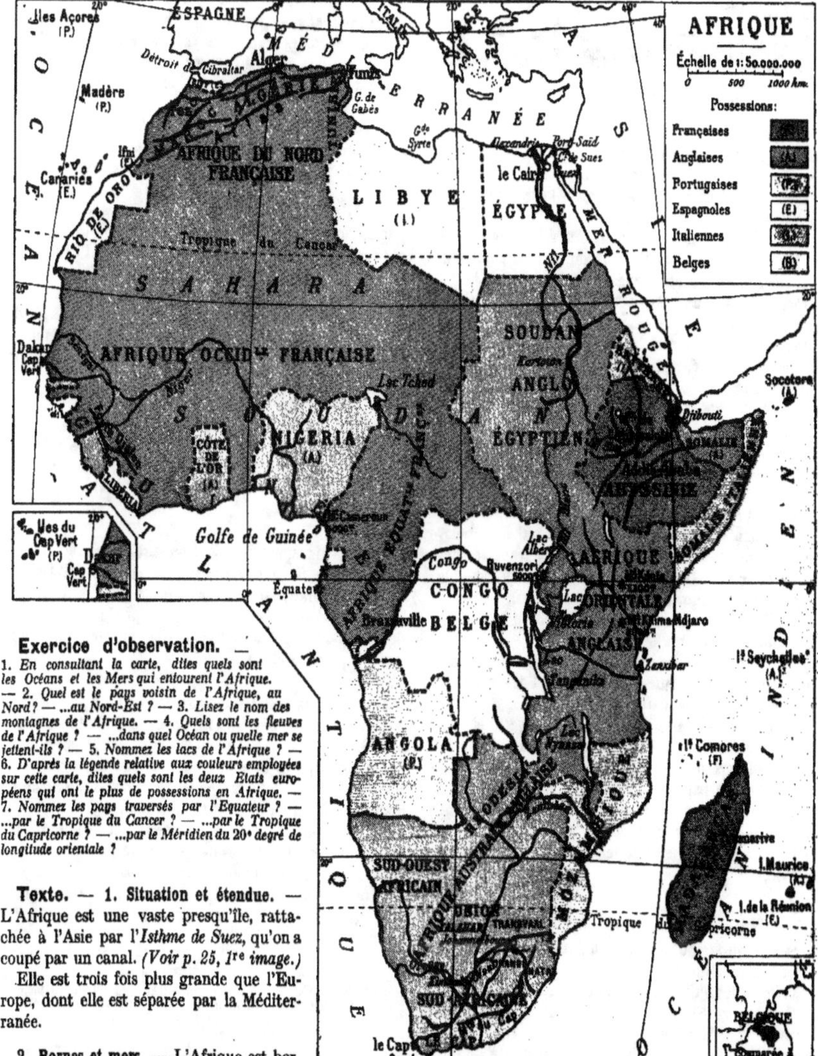

Texte. — **1. Situation et étendue.** — L'Afrique est une vaste presqu'île, rattachée à l'Asie par l'*Isthme de Suez*, qu'on a coupé par un canal. *(Voir p. 25, 1ʳᵉ image.)*

Elle est trois fois plus grande que l'Europe, dont elle est séparée par la Méditerranée.

2. Bornes et mers. — L'Afrique est bornée : au Nord, depuis l'*Isthme de Suez* jusqu'au *Détroit de Gibraltar*, par la Méditerranée ; à l'Ouest, depuis le Détroit de Gibraltar jusqu'au *Cap de Bonne-Espérance*, par l'Océan Atlantique, qui forme le *Golfe de Guinée* et baigne les *Açores*, l'*Ile Madère*, les *Canaries* et les *Iles du Cap Vert* ; à l'Est, depuis le Cap de Bonne-Espérance jusqu'à l'Isthme de Suez, par l'*Océan Indien*, qui forme la *Mer Rouge* et baigne la grande île de *Madagascar*, les *Comores*, la *Réunion*, *Maurice*, les *Seychelles* et *Socotora*.

3. Relief du sol. — L'Afrique est un immense plateau bordé de montagnes. *(Voir le croquis.)* Les principales sont : au Nord, l'*Atlas* ; à l'Est, les *Monts de l'Abyssinie*, et le Massif des Grands Lacs dominé par le *Kénia*, le *Kilima-Ndjaro* et le *Ruvenzori* ; au Sud, les *Monts du Cap* ; à l'Ouest, le *Cameroun* et le *Fouta-Djalon*.

4. Climat et productions. — L'Afrique est *partout très chaude*, car l'Équateur la traverse en son milieu et elle touche à peine aux zones tempérées. C'est la répartition des pluies qui modifie son climat et ses productions :

a) Au Centre, dans la *zone équatoriale*, les chaleurs et les pluies sont fortes et constantes : c'est le pays des *forêts vierges*, où abondent les *singes* et les *serpents*.

b) De chaque côté de la zone équatoriale, s'étendent les *deux zones tropicales*. La chaleur y est toujours très forte,

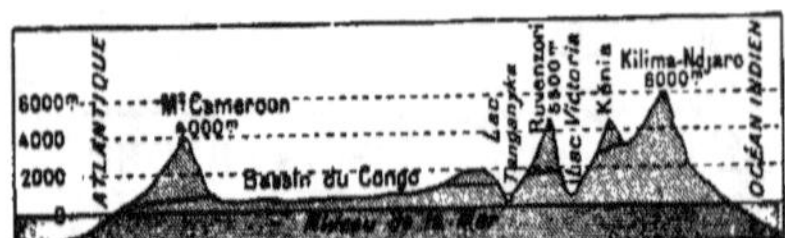

Profil du relief de l'Afrique de l'Est à l'Ouest.

mais les pluies diminuent à mesure qu'on s'éloigne de l'Équateur : ce sont des régions de *savanes*, où vivent les *éléphants*, les *rhinocéros*, les *hippopotames*, les *girafes* et les *lions*.

c) Au delà des zones tropicales, s'étendent les *régions désertiques du Sahara* au Nord et du *Kalahari* au Sud. La chaleur y est variable, mais la sécheresse constante. Le *chameau* est à peu près le seul animal remarquable qui puisse vivre dans ces régions, où ne croissent que quelques touffes d'herbes dures. Autour des sources, dans les oasis, la végétation est puissante, on y cultive surtout des *dattiers*.

d) Après les zones désertiques, viennent les *régions tempérées chaudes* de l'*Atlas*, au Nord, et du *Cap*, au Sud. Elles produisent des *céréales* et des *fruits* ; on y élève des *chevaux*, des *bœufs* et des *moutons*.

5. Cours d'eau. — Les fleuves de l'Afrique sont généralement coupés de chutes ou de rapides qui se forment à la descente des plateaux ou pendant la traversée des chaînes bordières. Les principaux sont le *Sénégal*, le *Niger*, le *Congo*, l'*Orange*, le *Zambèze* et le *Nil*.

a) Le *Niger* descend du Fouta-Djalon et se jette dans le golfe de Guinée.

b) Le *Congo* reçoit les eaux du *Lac Tanganika* et débouche dans l'Atlantique. C'est, après l'Amazone, le plus puissant fleuve du monde.

c) Le *Zambèze* déverse les eaux du *Lac Nyassa* et finit dans l'Océan Indien. Il forme les belles *Chutes Victoria*.

d) Le *Nil* sort du *Lac Victoria*, coule vers le Nord, fertilise l'Égypte par ses inondations régulières et finit à la Méditerranée par un vaste delta. C'est le plus long fleuve du monde après le Mississipi-Missouri.

e) Le *Tchad* est un lac intérieur, sans communication avec l'Océan.

6. Population, races et religions. — L'Afrique est peuplée d'environ 150 millions d'habitants, appartenant surtout à la race noire.

Les régions les plus chaudes, au Centre et au Sud, sont occupées par des Noirs, en général sauvages et païens.

Dans les régions moins chaudes du Nord et de l'Est, vivent des peuples de race blanche, en majorité musulmans : des Berbères agriculteurs et des Arabes pasteurs.

Des colons européens se sont établis dans les régions tempérées : au Nord, des Français, des Italiens et des Espagnols ; au Sud, des Anglais et des Hollandais appelés Boers (*prononcez bours*). Ils ont conservé la langue et la religion de leur pays d'origine.

7. Partage politique. — A part l'Égypte, l'Abyssinie, capitale *Addis-Ababa*, et la **République de Libéria**, qui forment des États indépendants, toute l'Afrique appartient aux Européens, surtout aux Français, aux Anglais et aux Belges.

a) La *France* domine au Nord et à l'Ouest. Elle possède : l'**Afrique du Nord française** et une grande partie du Sahara ; l'**Afrique occidentale** et l'**Afrique équatoriale** françaises ; l'Ile de **Madagascar**, capitale *Tananarive*, les **Comores** et la **Réunion**.

b) L'*Angleterre* domine à l'Est et au Sud. Elle possède : le **Soudan anglo-égyptien** ; l'**Afrique orientale anglaise** dans la région des grands lacs ; l'**Afrique australe anglaise**; la **Nigéria** et la **Côte de l'Or** sur le Golfe de Guinée.

c) La *Belgique* possède presque tout le **Bassin du Congo**. (*Pour les détails, voir p. 64 à 68.*)

d) Au *Portugal* appartiennent les **Açores**, l'**Ile Madère**, l'**Angola** et le **Mozambique** ; à l'*Espagne*, le **Riff**, les **Canaries** et le **Rio de Oro** ; à l'*Italie*, la **Libye**.

8. L'Égypte est une étroite et longue vallée terminée par un delta et fertilisée par les eaux du Nil. Elle produit des céréales, de la canne à sucre et du coton. Ce royaume de 12 millions d'habitants, a pour capitale le *Caire*, sur le Nil. (*Voir p. 44, 5e image.*) *Alexandrie*, sur la Méditerranée, est le principal port de toute l'Afrique. *Port-Saïd*, sur la Méditerranée, et *Suez*, sur la Mer Rouge, sont aux deux extrémités du canal maritime. (*Voir p. 25, 1re image.*)

9. L'Afrique du Nord française ou la *Région de l'Atlas* comprend l'**Algérie**, capitale *Alger* ; la **Tunisie**, capitale *Tunis*, et le **Maroc**, capitale *Fez*. Elle produit surtout des céréales, du vin, des fruits et des phosphates qu'on exporte en Europe.

10. L'Afrique occidentale française, capitale *Dakar*, comprend le Soudan central et occidental ; l'**Afrique équatoriale française**, capitale *Brazzaville*, s'étend du Tchad au Congo. Ces deux régions produisent surtout des *graines oléagineuses* (palmier à huile et arachide), des *bois précieux* et du *caoutchouc*.

11. L'Afrique australe anglaise comprend : 1° L'*Union Sud-Africaine*, confédération de quatre États autonomes. Le Cap, capitale *Le Cap* (*Voir p. 25, 2e image*) ; le **Natal**, l'**Orange** et le **Transvaal**. Le **Sud-Ouest Africain** relève de l'Union Sud-Africaine. 2° *Diverses possessions*, dont la plus importante est la **Rhodésia**.

La partie méridionale, la plus fertile et la plus riche, est une région de cultures de céréales et de fruits, d'élevage de bœufs, de moutons et d'autruches, de mines d'or près de Johannesbourg, et de mines de diamants aux environs de Kimberley.

Questionnaire. — **1.** Par quoi l'Afrique est-elle rattachée à l'Asie ? — Quelle est l'étendue de l'Afrique ? — **2.** Quels sont les Océans et les Mers qui la bornent ? — Quels sont les golfes formés et les îles baignées ? — **3.** Quel est le relief de l'Afrique ? — Nommez les principales montagnes ? — **4.** Pourquoi l'Afrique est-elle très chaude ? Qu'est-ce qui modifie son climat et ses productions ? — Quel est le climat et quelles sont les productions de l'Afrique ? — *a)* au Centre ?... — *b)* ...de chaque côté de la zone équatoriale ? — ...*c)* au delà des zones tropicales ? — ...*d)* au delà des zones désertiques ? — **5.** Qu'est-ce qui caractérise les fleuves de l'Afrique ? — Nommez les principaux et décrivez-les. — Qu'est-ce que le Tchad ? — **6.** Quelle est la population de l'Afrique ? — Quelles races habitent les régions les plus chaudes du Centre et du Sud ? — ...les régions moins chaudes du Nord et de l'Est ? — Quels sont les peuples qui se sont établis dans les régions tempérées ? — **7.** A qui appartient l'Afrique ? — *a)* Où domine la France ? — *b)* ...l'Angleterre ? — *c)* Que possède la Belgique en Afrique ? — *d)* ...le Portugal ? — ...l'Espagne ? — ...l'Italie ? — **8.** Que savez-vous de l'Égypte ? — **9.** ...de l'Afrique du Nord française ? — **10.** ...de l'Afrique occidentale et équatoriale françaises? — **11.** ... de l'Afrique australe anglaise ?

Devoir écrit. — **1.** *Exercice 3 du Cahier de Croquis.* — **2.** *Nommez les fleuves de l'Afrique et indiquez où ils prennent leur source, les principaux pays qu'ils traversent et les Mers et Océans dans lesquels ils se jettent.*

16e Leçon. — L'ASIE

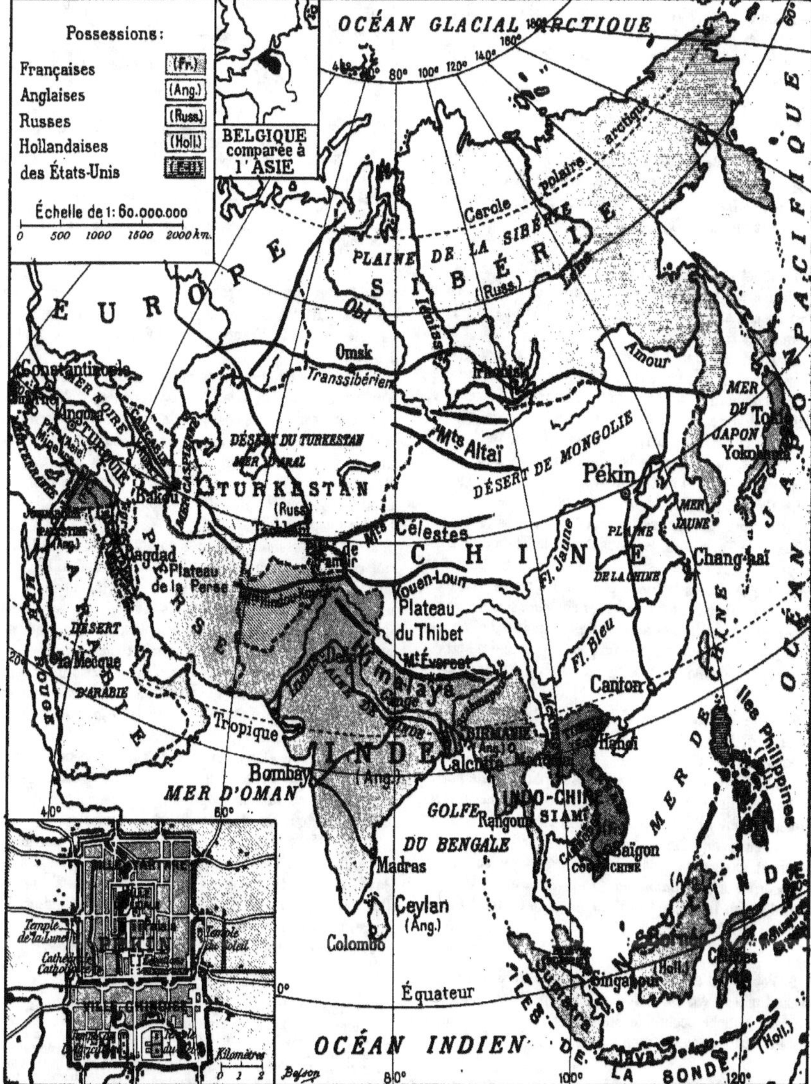

Exercice d'observation. — 1. *Nommez, en consultant la carte, les Océans et les Mers qui entourent l'Asie.* — 2. *Comment appelle-t-on les deux grands archipels du Sud-Est et de l'Est de l'Asie?* — 3. *Nommez trois grandes presqu'îles du sud de l'Asie.* — 4. *Lisez le nom des montagnes, des plateaux et des plaines de l'Asie.* — 5. *Lisez le nom des fleuves de l'Asie, et dites dans quel Océan ou dans quelle mer ils se jettent.* — 6. *Nommez les trois plus vastes pays de l'Asie.* — 7. *Nommez les contrées de l'Asie traversées par le cercle polaire.* — *...par le tropique.* — *...par l'Equateur.* — 8. *Lisez la légende placée sous l'image de la page suivante.*

Texte. — **1. Situation et étendue.** — L'Asie occupe le Nord-Est de l'Ancien Continent. Elle est *bornée* : au Nord, par l'Océan Glacial Arctique ; à l'Est, par l'Océan Pacifique ; au Sud, par l'Océan Indien ; à l'Ouest, par la Méditerranée et l'Europe.

L'Asie est la plus vaste des cinq Parties du monde. Son étendue égale plus de quatre fois celle de l'Europe.

2. Mers et côtes. — L'Océan Glacial Arctique, au Nord, borde une côte presque toujours gelée.

L'Océan Pacifique, à l'Est, forme la *Mer du Japon*, la *Mer Jaune* et la *Mer de Chine*. Il entoure les archipels du *Japon* et de l'*Insulinde*.

L'Océan Indien, au Sud, forme le *Golfe du Bengale*, la *Mer d'Oman* et la *Mer Rouge*. Il baigne trois grandes presqu'îles : l'*Indo-Chine*, l'*Inde* et l'*Arabie*.

La *Méditerranée*, à l'Ouest, forme la *Mer Noire* et baigne la presqu'île d'*Asie Mineure*.

La *Mer d'Aral* et la *Caspienne* sont des mers fermées.

3. Relief du sol. — Au centre de l'Asie s'élève le haut *Plateau de Pamir*, appelé le Toit du monde, à cause de ses 5.000 mètres d'altitude. De là se détachent la plupart des chaînes et des plateaux de l'Asie :

Au Sud-Est, l'*Himalaya*, avec le *Pic Everest*, le plus haut sommet du globe, 8.840 mètres, et le *Kouen-Loun* qui entourent le haut et vaste *Plateau du Thibet*.

Au Nord-Est, les *Monts Célestes* et l'*Altaï*.

A l'Ouest, l'*Hindou-Kouch* prolongé par les *Plateaux de la Perse* et de l'*Asie Mineure*.

Au pied de ces montagnes et de ces plateaux s'étendent de *vastes plaines* : au Nord, l'*immense plaine de la Sibérie* ; à l'Est et au Sud, *celles de la Chine et de l'Inde*.

4. Climat et productions naturelles. — L'Asie s'étend de l'Équateur jusqu'aux environs du Pôle ; aussi a-t-elle tous les climats, et, par suite, des productions végétales et animales très variées.

Le Nord est une immense plaine au *climat glacial* où se succèdent, suivant la latitude, trois zones de végétation : d'abord la *toundra*, vaste plaine marécageuse et glacée, couverte, par endroits, de mousses et de lichens dont se nourrissent les rennes (*Voir p. 25, 3ᵉ image*) ; puis la *forêt*, où l'on chasse les animaux à fourrure ; enfin la *steppe*, propre à la culture des céréales et à l'élevage.

Le Centre, éloigné de toute influence marine, a un *climat continental*, excessif et très sec : aussi l'Arabie, la Perse, le Turkestan, la Mongolie et le Thibet sont-ils, en grande partie, de vastes *déserts*. La végétation ne se rencontre que dans les oasis et dans les terres irriguées.

Le Sud a un *climat tropical* : les chaleurs sont toujours fortes, et les pluies très abondantes la moitié de l'année. C'est le pays des *forêts* et des *jungles*, aux grandes herbes, où vivent les *éléphants* et les *tigres*. (*Voir p. 25, 4ᵉ image.*)

5. Cours d'eau. — La plupart des fleuves de l'Asie rayonnent des hauts plateaux du centre vers les trois Océans qui la baignent.

Les fleuves du Nord restent gelés la plus grande partie de l'année. Ils portent leurs eaux à l'Océan Glacial Arctique. Ce sont : l'*Obi*, l'*Iénisséi* et la *Léna*.

Les fleuves de l'Est et du Sud sont abondants et généralement navigables : dans l'Océan Pacifique se jettent l'*Amour*, le *Fleuve Jaune*, le *Fleuve Bleu* et le *Mékong*. Dans l'Océan Indien : le *Brahmapoutre*, le *Gange*, l'*Indus*, le *Tigre* et l'*Euphrate*.

6. Population et races. — L'Asie compte 860 millions d'habitants ; c'est la *moitié de la population du globe*. La race blanche occupe le Sud-Ouest de l'Asie ; tout le reste est peuplé par la race jaune.

7. États indépendants. — Les principaux États indépendants de l'Asie sont : à l'Ouest, la *Turquie*, les *États de Syrie*, l'*Arabie*, la *Mésopotamie* et la *Perse* ; à l'Est, le *Siam*, la *Chine* et le *Japon*.

La Turquie, capitale *Angora*, en Asie-Mineure. *Constantinople*, la principale ville, s'élève sur la rive européenne du Bosphore. *Smyrne* est un des ports les plus actifs du Levant.

L'Arabie a pour capitale *la Mecque*, la ville sainte des musulmans. (*Voir page 25, 6ᵉ image.*) Les petits chevaux arabes sont très renommés.

La Mésopotamie est sous le mandat de l'Angleterre. *Bagdad*, la capitale, est unie à Constantinople par une voie ferrée. (*La Syrie-Palestine, la Chine et le Japon sont étudiés à la leçon suivante*).

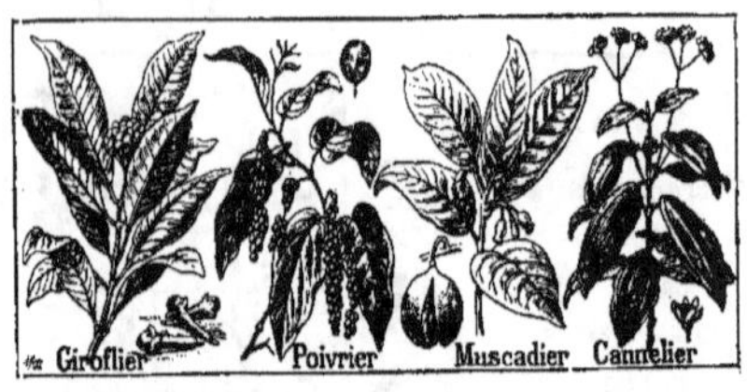

Épices ou aromates. — Les principales épices employées pour aromatiser les aliments sont : le clou de girofle, bouton de fleur du giroflier ; le poivre, petite graine du poivrier ; la noix muscade, fruit du muscadier ; la cannelle, écorce du cannelier.

8. Possessions étrangères. — Plus de la moitié de l'Asie appartient aux étrangers, surtout à la Russie, à l'Angleterre, à la France, à la Hollande et aux États-Unis.

a) Les possessions russes comprennent la **Sibérie**, le **Turkestan** et la **Caucasie**. Ces pays sont agricoles et miniers ; ils sont desservis par de longues voies ferrées : le *Transsibérien* relie l'Europe au Pacifique à travers la Sibérie et passe à *Omsk* et à *Irkoutsk*, la capitale ; le *Transcaspien* traverse le Turkestan par *Tachkent*, la capitale ; *Bakou*, la ville du pétrole, est en Caucasie sur la Mer Caspienne.

b) Les possessions anglaises comprennent : 1° L'*Inde* qui constitue le noyau de l'Empire des Indes. Elle est surtout agricole, et produit du riz, du blé, du thé, du coton et du jute. Ce pays (123 fois la Belgique) est peuplé de 315 millions d'habitants et possède beaucoup de grandes villes : *Delhi* est la capitale ; *Calcutta, Madras, Bombay* et *Colombo*, dans l'Ile Ceylan, sont des ports. 2° L'*Indochine anglaise* qui comprend : la *Birmanie* avec *Mandalai*, et le port de *Rangoun* ; les *Établissements du Détroit* avec le grand port de *Singapour*.

c) Les possessions françaises comprennent l'Indochine orientale formée du *Tonkin*, de l'*Annam*, de la *Cochinchine* et du *Cambodge*. C'est un pays agricole qui produit surtout du riz. *Hanoï* est la capitale.

d) Les Hollandais possèdent la plus grande partie de l'Insulinde : les *Iles de la Sonde*, c'est-à-dire **Sumatra** et **Java**, presque tout **Bornéo**, **Célèbes** et les **Moluques**. Ces îles ont un climat équatorial ; elles produisent du sucre, du café et des épices. (*Voir l'image.*)

e) Les États-Unis sont maîtres des **Philippines**.

17e Leçon. — LA SYRIE-PALESTINE, LA CHINE ET LE JAPON

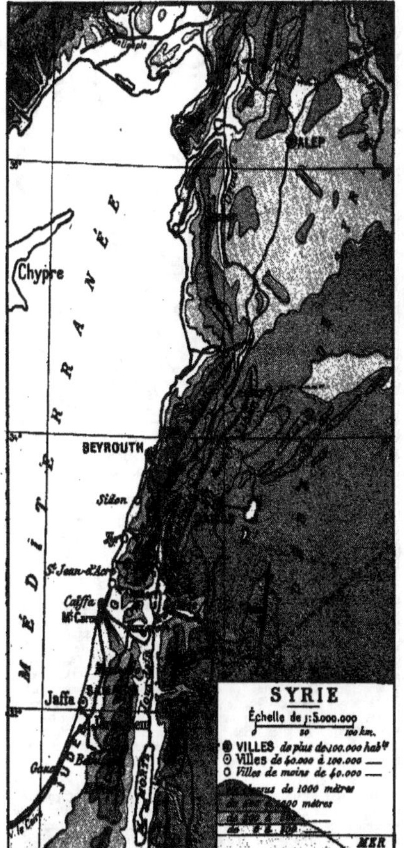

Exercice d'observation. — 1. *En consultant la 1re carte, nommez les montagnes et les plateaux du soulèvement occidental de la Syrie. — ...du soulèvement oriental. — 2. Quels noms donne-t-on à la dépression qui sépare ces deux soulèvements ? — 3. Quels sont les deux fleuves qui la drainent ? — 4. Nommez, du Nord au Sud, les villes du littoral. — ... celles de l'intérieur. — 5. Que représente la carte de la page 31 ? — Nommez les fleuves de la Chine. — ...les mers ou les golfes qui séparent la Chine du Japon. — ...les archipels et les îles du Japon. — ...les villes de la Chine et du Japon.*

Texte. — 1. La Syrie-Palestine est une bande de terre de 700 km. de long sur 150 de large. Elle s'étend le long de la Méditerranée orientale entre l'Asie Mineure et l'Arabie. Cette région, surtout la partie méridionale, la Palestine, intéresse tous les chrétiens, parce que c'est là que se sont passés les grands faits de l'Histoire du peuple de Dieu, de la vie de Notre-Seigneur Jésus-Christ et des origines de l'Église.

Deux chaînes parallèles enserrent une profonde dépression où coulent, à l'opposé l'un de l'autre, l'*Oronte* et le *Jourdain*. Ce dernier forme la *Mer de Galilée* et se jette dans la *Mer Morte*.

Le *climat* est tempéré sur la côte, rigoureux en hiver sur les hauteurs et très chaud en été dans la dépression centrale.

Les plaines du littoral ont des *cultures* de céréales, de légumes et d'arbres fruitiers ; les montagnes trop déboisées ne portent que de maigres *pâturages* où paissent des troupeaux de chèvres et de brebis ; des *nomades* parcourent la Vallée du Ghor et le Désert de Syrie.

La Syrie proprement dite est placée sous le mandat de la France, et compte 3 millions d'hab. *Damas* (800.000 h.), *Alep* et *Beyrouth* sont les villes principales.

La Palestine est placée sous le mandat de l'Angleterre et compte 700.000 habitants.

Saint-Jean d'Acre, *Jaffa Caïffa*, et *Gaza*, en Palestine, sont des ports assez médiocres.

Hébron qui garde les tombeaux d'Abraham et de sa famille ; *Naplouse*, l'antique Sichem ; *Béthléem*, où Notre-Seigneur est né ; *Nazareth*, où il a vécu ; *Jérusalem* où il est mort et ressuscité, sont les villes les plus célèbres de la Palestine. (*Voir 1re et 2e images.*)

1. — **Jérusalem vue du Mont des Oliviers.** — Cette vue est prise de l'Est, à mi-côte du *Mont des Oliviers*. Elle est encadrée par deux beaux spécimens d'antiques oliviers. Au second plan on voit le *Jardin de Gethsémani* marqué par cinq cyprès ; il est longé par le torrent du *Cédron* qui recueille les rares eaux de la *Vallée de Josaphat*. Plus loin, le long mur qui supporte l'*esplanade du Temple* occupée aujourd'hui par la *Mosquée d'Omar*, que couronne une grande coupole. Enfin, la ville avec clochers et minarets, et dans le lointain, à gauche, les *monts de Juda*.

2 — **Jérusalem et le Mont des Oliviers.** — La vue est prise de l'Ouest. Au premier plan et à gauche, le *dôme de la Basilique du Saint-Sépulcre* qui recouvre la colline du *Calvaire*. Au centre, le clocher d'une église moderne, un minaret, et enfin, le *dôme de la Mosquée d'Omar*. A l'horizon, le sommet du *Mont des Oliviers* qui porte une mosquée (ancienne église chrétienne), élevée sur le lieu même de l'*Ascension*. A gauche, un haut clocher (*la tour des Russes*), et à droite, le *Couvent du Pater* construit sur le lieu où Notre-Seigneur aurait enseigné à ses apôtres cette sublime prière.

2. La République chinoise est aussi étendue et presque aussi peuplée que l'Europe. Elle comprend la Chine proprement dite et des États tributaires : la *Mandchourie*, la *Mongolie*, le *Turkestan oriental* et le *Thibet*.

Pékin (900.000 h.), la capitale de la Chine, a pour port *Tien-tsin* (*Voir page 25, 5e image*). *Chang-haï* (1.500.000 h.) et *Canton* (900.000 h.) sont des ports sur la mer de Chine. *Nankin* et *Han-kéou* (1.500.000 h.), sur le Fleuve Bleu, sont des grands centres de commerce. Le port de *Hong-kong*, un des premiers du monde, est aux Anglais. *Moukden* est la capitale de la Mandchourie et *Lhassa* celle du Thibet. (*V. 3e image*)

La Chine est un *pays essentiellement agricole*. Elle produit du riz et du thé, du coton et de la soie. Ses industries anciennes, porcelaines et soieries brodées, sont toujours actives. Grâce à ses énormes gisements de houille, la grande industrie de la soie et du coton commence à s'y développer. Les Européens y ont construit quelques voies ferrées.

3. Le Japon est un archipel montagneux et volcanique. (*Voir 4e image*). Avec ses dépendances il est peuplé de 80 millions d'habitants et forme un empire constitutionnel : *Tokio* (2.300.000 h.), la capitale, est la résidence du mikado ou empereur. Les autres grandes villes sont : *Yokohama* (444.000 h.), le port de Tokio ; *Kioto* (550.000 h.), l'ancienne capitale ; *Osaka* (1.500.000 h.), port et principal centre industriel de l'empire.

Le Japon, comme la Chine, produit du riz et du thé, du coton et de la soie. Ses industries textiles et métallurgiques se développent rapidement, grâce à ses mines de houille, de fer et de cuivre. Ses produits industriels font déjà concurrence à ceux de l'Europe, sur les marchés de l'Asie.

Les Japonais ou Nippons, trop à l'étroit dans leur archipel, se sont annexé l'*Ile Formose*, *Port-Arthur*, la moitié de *Sakhaline*, la *Corée*, et les anciennes îles allemandes de la Micronésie qui leur ont été cédées par le traité de Versailles.

Questionnaire. — **1.** Où est située la Syrie-Palestine ? — Que savez-vous de son relief ? — ...de son climat ? — ...de ses productions ? — ...de sa population ? — ...de son gouvernement ? — ...de ses principales villes ? — **2.** Quelle est l'étendue de la Chine ? — ...sa population ? — Quels pays comprend-elle ? — Quelle est sa capitale ? — Nommez d'autres villes de la Chine ? — Que produit l'agriculture de la Chine ? — Que savez-vous de ses industries anciennes et modernes ? ...de ses voies ferrées ? — **3.** Qu'est-ce que le Japon ? — Quelle est sa population ? — ...sa capitale ? — Nommez les autres grandes villes. — Quelles sont les productions agricoles du Japon ? — Qu'ont fait les Japonais se trouvant trop à l'étroit chez eux ?

Devoir écrit. — 1. *Exercice 5 du Cahier de Croquis.* — 2. *Indiquez les voies ferrées de la Syrie-Palestine et les villes qu'elles desservent.* — 3. *Nommez, avec leurs principales villes, les pays de la République chinoise.* — 4. *Quelles sont les productions du Japon ?*

3. — Lhassa, la capitale du Thibet, est bâtie dans une large vallée alluviale tout unie. A un kilomètre de la ville, sur une colline rocheuse et conique, isolée au milieu de la vallée, comme le représente l'image, s'élève le palais du Dalaï-Lama. Ce personnage considéré par les sectateurs de son culte comme une incarnation vivante de Bouddha, est à la fois le chef temporel des Thibétains et le Grand Prêtre d'une des branches du Bouddhisme.

4. — Paysage japonais. — Jardin tout fleuri de lis, d'anémones et de chrysanthèmes ; portique en bois peint en rouge qui se trouve souvent à l'entrée des temples ; îles reliées par des ponts très légers ; maisons basses, en bois, perdues dans la verdure ; champs cultivés avec le plus grand soin ; pyramide volcanique du Fouzi-Yama, dominant le tout. Tel est l'aspect de ce paysage dont le Japon offre de multiples exemples.

18e Leçon. — L'EUROPE PHYSIQUE

Exercice d'observation. — 1. *En consultant la carte, nommez les Océans et les Mers qui baignent l'Europe.* — 2. *Nommez la grande péninsule du Nord de l'Europe.* — 3. *...trois grandes péninsules au Sud de l'Europe.* — 4. *Quelle presqu'île se trouve dans la Mer Noire ?* — 5. *Nommez trois îles dans l'Océan Atlantique ; cinq dans la Méditerranée.* — 6. *Quels sont les fleuves qui se jettent dans la Baltique ? — ...dans la Mer du Nord ? — ...dans la Manche ? — ...dans l'Atlantique ? — ...dans la Méditerranée ? — ...dans l'Adriatique ? — ...dans la Mer Noire ? — ...dans la Mer Caspienne ?* — 7. *Nommez trois fleuves qui descendent des Alpes. — Nommez-en un qui prend sa source dans les Pyrénées. — ...dans le Massif Central français. — ...dans les Carpathes. — ...dans le Plateau de Castille. — ...dans le Plateau de Bohême.* — 8. *Quel est le détroit qui fait communiquer la Manche et la Mer du Nord ? — ...l'Atlantique et la Méditerranée ? — ...la Méditerranée et la Mer Noire ?* — 9. *Lisez de gauche à droite, les noms écrits sur la première image.* — 10. *Quelle est, avec son altitude, la plus haute montagne du Globe ? — de l'Europe ?* — 12. *Lisez les noms écrits sur la 2e image.* — 13. *Indiquez, avec sa longueur, le plus long fleuve du monde. — ...de l'Europe.*

Texte. — **1. Bornes et étendue.** — L'*Europe est bornée* : au Nord, par l'Océan Glacial Arctique ; à l'Ouest, par l'Océan Atlantique ; au Sud, par la Mer Méditerranée, la Mer Noire et le Caucase ; à l'Est, par la Mer Caspienne, l'Oural et les Monts Ourals.

Son étendue égale le quart de l'Asie, ou le quart de l'Amérique, ou le tiers de l'Afrique, ou 329 fois la Belgique.

2. Relief du sol. — Au point de vue du relief du sol, l'Europe se divise en deux parties : la *Haute Europe* au Sud, et la *Basse Europe* au Nord.

Les *Alpes*, les plus importantes montagnes de la Haute Europe, atteignent 4.810 mètres au *Mont Blanc*. Leurs neiges et leurs glaciers alimentent de nombreux cours d'eau.

Les Alpes sont prolongées : à l'Ouest, par le *Massif Central* et les *Pyrénées* ; au Sud-Est, par les *Apennins* ; à l'Est, par les *Alpes Dinariques* et les *Balkans* ; au Nord-Est, par les *Carpathes*. Trois autres chaines s'élèvent au pourtour : les *Monts Scandinaves*, au Nord ; les *Monts Ourals*, à l'Est ; et le *Caucase*, au Sud-Est. (*V. 1re image*).

L'Europe a peu de *plateaux* ; les trois principaux sont ceux de *Castille*, de *Bohême* et de *Transylvanie*.

La *Basse Europe* forme une vaste plaine, qui commence aux Pyrénées et va s'élargissant jusqu'à l'Oural et au Caucase, à travers la France occidentale, la Belgique, l'Allemagne du Nord, la Pologne et la Russie. La Plaine de Hongrie s'étend entre les Alpes et les Carpathes.

3. Mers et côtes. — Le *littoral* de l'Europe est très découpé ; il présente de nombreuses presqu'îles et beaucoup de mers intérieures qui favorisent l'égalité du climat et les relations commerciales.

Au *Nord*, dans le voisinage de la Basse Europe, les mers sont peu profondes et les côtes basses ; au *Sud*, dans le voisinage de la Haute Europe, les mers sont profondes et les côtes élevées et rocheuses.

4. L'Océan Glacial Arctique forme la *Mer Blanche*. Grâce au Gulf-Stream, ses côtes, en Europe, ne sont prises par les glaces que cinq mois par an.

5. L'Océan Atlantique baigne l'Europe, à l'Ouest, du *Cap Nord* au *Détroit de Gibraltar*.

Il forme la *Baltique*, la *Mer du Nord*, la *Manche*, et le *Golfe de Gascogne*. Il baigne la *Péninsule Scandinave*, la presqu'île du Danemark et la *Péninsule Ibérique*. Il entoure l'*Islande* et les *Iles Britanniques* qui comprennent surtout la *Grande-Bretagne* et l'*Irlande*.

La Baltique baigne l'*Archipel Danois*.

La Mer du Nord communique avec la Baltique par le *Skager-Rak*, le *Cattégat* et le *Sund*, et avec la Manche par le *Pas de Calais*.

6. La Méditerranée forme la *Mer de Toscane*, l'*Adriatique*, la *Mer Ionienne*, l'*Archipel*, la *Mer de Marmara*, la *Mer Noire* et la *Mer d'Azov*.

Elle baigne la *Péninsule Ibérique*, la *Péninsule Italique*, la *Péninsule des Balkans* et la *Presqu'île de Crimée*.

Elle entoure les îles *Baléares*, la *Corse*, la *Sardaigne*, la *Sicile* et l'*Ile de Crète*.

La Mer de Marmara communique avec l'Archipel par les *Dardanelles*, et avec la Mer Noire par le *Bosphore*.

7. Climat et Productions. — L'Europe est située dans la zone tempérée, aussi son *climat* est-il généralement *doux*, mais varié.

Le *Sud* de l'Europe a un *climat méditerranéen*, c'est-à-dire des étés chauds et secs, des hivers tièdes et pluvieux, avec averses rares mais abondantes. C'est le pays des arbres fruitiers : vignes, oliviers, orangers.

L'*Ouest* a un *climat océanique ou maritime*, c'est-à-dire doux et humide avec des cultures variées.

L'*Est* a un *climat continental*, c'est-à-dire des étés chauds et secs, des hivers rudes et longs. C'est le pays des forêts et des céréales.

8. Cours d'eau. — L'Europe n'a pas d'aussi grands fleuves que les autres Parties du monde, mais ils sont presque tous navigables.

Dans la Baltique s'écoulent le *Niémen*, la *Vistule* et l'*Oder* ; dans la Mer du Nord, l'*Elbe*, le *Rhin*, la *Meuse* et l'*Escaut* ; dans la Manche, la *Seine* ; dans l'Atlantique, la *Loire*, la *Garonne*, le *Tage* et le *Guadalquivir*.

Dans la Méditerranée, se jettent l'*Èbre*, le *Rhône* et le *Pô* ; dans la Mer Noire, le *Danube*, le *Dniéper* et le *Don* ; dans la Mer Caspienne, la *Volga* et l'*Oural*. (*Voir 2e image.*)

D'après leur régime, on peut diviser les fleuves de l'Europe en autant de groupes qu'il y a de climats : Les fleuves de *régime méditerranéen* (rapides et souvent à sec) ; les fleuves de *régime océanique* (réguliers et navigables) ; les fleuves de *régime continental ou oriental* (abondants et navigables, mais gelés en hiver).

9. Les Lacs sont nombreux en Europe, mais leur étendue est faible. Les principaux sont : les *Lacs Ladoga* et *Onéga*, en Russie ; *Vener*, *Vetter* et *Mœlar*, en Suède ; *Léman* et de *Constance*, en Suisse ; *Majeur*, de *Côme* et de *Garde*, en Italie. (*Voir la carte, page 42.*)

Questionnaire. — **1.** Quelles sont les bornes de l'Europe ? — Quelle est son étendue ? — **2.** Au point de vue du relief du sol, comment l'Europe est-elle divisée ? — Quel est le plus haut sommet des Alpes ? — Qu'alimentent les neiges et les glaciers de ces montagnes ? — Quelles sont les montagnes qui prolongent les Alpes à l'Ouest ? — ...au Sud-Est ? — ...à l'Est ? — ...au Nord-Est ? — Quelles sont les montagnes du pourtour de l'Europe ? — Nommez trois plateaux de l'Europe. — Quel est le relief de la Basse Europe ? — Où se trouve la Plaine de Hongrie ? — **3.** Quel est le caractère du littoral de l'Europe ? — Comparez la profondeur des mers et la hauteur des côtes sur les rivages de la Basse et de la Haute Europe. — **4.** Quelle mer l'Océan Glacial forme-t-il ? — ...Quelle côte baigne-t-il ? — **5.** Quels sont, au Nord et au Sud de l'Europe, les points extrêmes baignés par l'Atlantique ? — Quelles mers forme-t-il ? — Quelles péninsules baigne-t-il ? — ...quelles îles entoure-t-il ? — Comment la Mer du Nord communique-t-elle avec la Baltique ? — ...avec la Manche ? — **6.** Quelles mers la Méditerranée forme-t-elle ? — ...quelles péninsules baigne-t-elle ? — ...quelles îles entoure-t-elle ? — ...Comment la Mer de Marmara communique-t-elle avec l'Archipel ? — ...avec la Mer Noire ? — **7.** Dans quelle zone l'Europe est-elle située ? — Quel est son climat général ? — Quel est le climat et quelles sont les productions du Sud de l'Europe ? — ...de l'Ouest ? — ...de l'Est ? — **8.** L'Europe a-t-elle de grands fleuves comme les autres Parties du monde ? — Quels sont les fleuves qui s'écoulent dans la Baltique ? — ...dans la Mer du Nord ? — ...dans la Manche ? — ...dans l'Atlantique ? — Quels sont les fleuves qui se jettent dans la Méditerranée ? — ...dans la Mer Noire ? — ...dans la Caspienne ? — Comment, d'après leur régime, peut-on diviser les fleuves de l'Europe ? — **9.** Que savez-vous des lacs de l'Europe ? — Nommez-les.

Devoir écrit. — 1. *Exercice 6 du Cahier de Croquis.* —2. *Nommez les fleuves qui descendent : 1° des Pyrénées, 2° du Massif Central, 3° des Alpes, 4° des Carpathes, 5° de l'Oural, et dites dans quelle mer ils se jettent.*

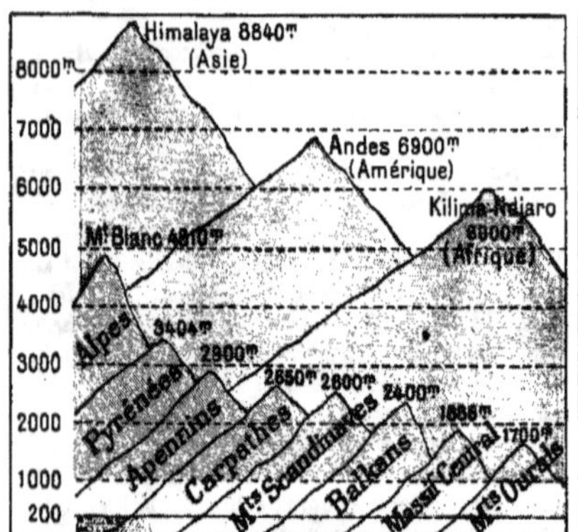

1. — Hauteurs comparées des principales montagnes d'Europe et des plus hauts sommets du Globe

Mississipi - Missouri 7200 km. (Amérique)			
Volga	3500 km.		
Danube	2800		
Don	2100		
Dniéper	2000		
Oural	1700	*Oder*	860 km.
Rhin	1300	*Rhône*	812
Vistule	1100	*Èbre*	800
Elbe	1100	*Seine*	770
Loire	1000	*Niémen*	700
Meuse	900	*Pô*	670
Tage	890	*Garonne*	650

2. — Longueurs comparées des principaux fleuves d'Europe et du Mississipi-Missouri, le plus long fleuve du Globe.

19e Leçon. — L'EUROPE HUMAINE — ÉTATS DU NORD-EST

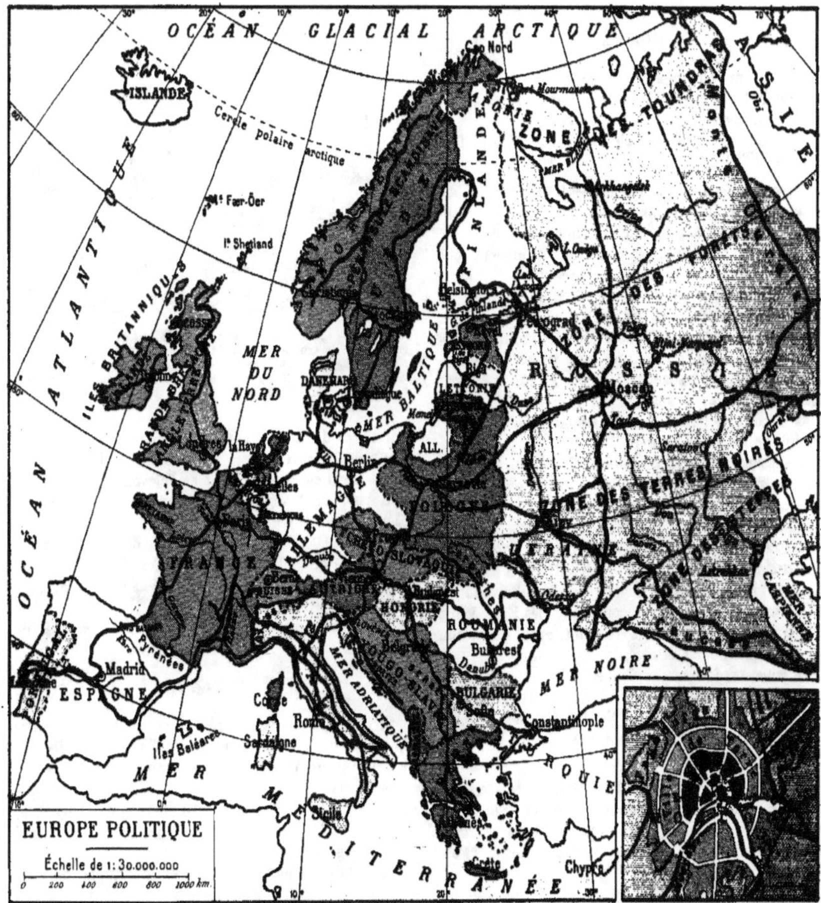

Texte. — 1. Population. — L'Europe a 466 millions d'hab. Comparativement à son étendue, elle est la plus peuplée des cinq Parties du monde ; elle compte en moyenne 47 hab. par km².

2. Races et Religions. — Les Européens appartiennent presque tous à la race blanche et à la religion chrétienne ; mais ils se divisent en trois grandes familles et professent trois cultes principaux :

Les **Gréco-Latins** (Belges wallons, Français, Espagnols, Portugais, Italiens, Roumains, Grecs) peuplent le Sud-Ouest et sont généralement catholiques. Cependant les Roumains et les Grecs sont schismatiques, ils ont pris le nom d'orthodoxes.

Les **Germains** (Belges flamands, Autrichiens, Allemands, Hollandais, Scandinaves, Anglais) peuplent le Centre et le Nord, et sont généralement protestants. Cependant les Belges flamands, les Autrichiens et les Allemands du Sud-Ouest sont catholiques.

Les **Slaves** peuplent l'Est ; les Slaves occidentaux (Polonais, Tchèques, Slovaques, Slovènes et Croates) sont catholiques ; les Slaves orientaux (Russes et Serbes) sont schismatiques.

Les **Irlandais**, les **Bretons** et les **Basques** forment des groupes à part très anciens ; ils sont catholiques.

Il y a aussi des Européens de race jaune ; ils se divisent en trois groupes : au Nord, les Lapons, les Finlandais et les Lettons (protestants) ; au Centre, les Hongrois (catholiques) ; au Sud-Est, les Bulgares (schismatiques) et les Turcs (musulmans). Enfin il y a des **Juifs** dispersés dans toutes les contrées de l'Europe.

3. Divisions politiques. — L'Europe est divisée en 28 principaux États.

Parmi ces États, cinq sont beaucoup plus étendus, plus peuplés et plus puissants que les autres : ce sont les *cinq grandes puissances* ou *grands États européens* :

la France, l'Angleterre, l'Italie, la Russie et l'Allemagne ; les autres sont appelés *Etats secondaires* ou *petits Etats*.

RUSSIE

4. Gouvernement, étendue et population.. — Depuis la chute du tzar, en 1917, la Russie forme une *république communiste bolchevique*, dite des *Soviets*.

Elle égale 150 fois la Belgique et compte 120 millions d'habitants (30 par km²).

5. Aspect, climat et productions. — La Russie est une *immense plaine* drainée par les plus grands fleuves d'Europe : la Volga est le plus long et le plus puissant.

Le **climat** de la Russie est continental : les hivers y sont rudes et longs ; les étés, chauds et courts ; les pluies, faibles.

Ce vaste pays comprend **quatre zones de végétation** :

A l'extrême Nord, les *Toundras,* vastes prairies marécageuses et glacées, formées de mousses et de lichens, dont se nourrissent les rennes. (*Voir, page 25, 3e image.*)

Au Centre Nord, la *zone des forêts* où vivent des animaux à fourrures ; dans les clairières on cultive le seigle, l'avoine, le lin et le chanvre.

Au Centre Sud, la *zone agricole des Terres noires,* vastes étendues sans arbres, très fertiles en betteraves à sucre et en céréales.

Au Sud-Est, la *steppe,* grande plaine couverte de hautes herbes, où les Cosaques élèvent des troupeaux.

La Russie est surtout agricole : c'était, avant la Révolution, le premier pays du monde pour la culture du *lin* et l'élevage des *chevaux ;* le second, après les États-Unis, pour la production du *blé ;* le troisième, après l'Australie et l'Argentine, pour l'élevage des *moutons.*

Les **mines** produisent du *platine,* de l'*or* et du *fer* dans l'Oural ; de la *houille* dans les bassins de Toula au Sud de Moscou, et du Donetz au Nord de la Mer d'Azov.

La zone forestière exploite ses *bois.* Moscou et Pétrograd travaillent le fer et le coton.

6. Villes. — **Moscou** (1.800.000 h.), la capitale de la Russie, est bâtie sur la Moskova et autour de la vieille forteresse du Kremlin ; c'est le principal centre russe pour les industries textiles et métallurgiques. (*Voir l'image.*)

Pétrograd (700.000 h.), fondée par Pierre le Grand, au xviiie siècle, pour être la capitale de la Russie, a perdu ce titre depuis l'arrivée au pouvoir des bolchevistes ; ses faubourgs ont des industries textiles et métallurgiques.

Kiev (650.000 h.), sur le Dniéper, en Ukraine, est un entrepôt pour le commerce du bois, des céréales et du sucre, et un centre manufacturier.

Odessa (630.000 h.), sur la Mer Noire, exporte des blés.

Saratov (230.000 h.) est le plus grand centre agricole et commercial de la Basse Volga.

Nijni-Novgorod, sur la Volga, est célèbre par ses foires.

Arkhangelsk, sur la Mer Blanche, **Port-Mourmane,** sur l'Océan Glacial, et **Astrakhan,** sur la Caspienne, sont des ports de commerce.

LITHUANIE, LETTONIE, ESTONIE

7. La Lithuanie, la Lettonie et l'Estonie sont des Républiques qui égalent chacune plus de deux fois la Belgique et comptent de 1 à 2 millions d'hab. Les *Lithuaniens* sont catholiques et de civilisation polonaise ; les *Lettons* et les *Estes* sont protestants et de civilisation allemande.

Ces petits États baltes s'étendent sur des plaines boisées

Moscou. — La *Place Rouge,* témoin de tant de faits de l'histoire russe, avec le groupe des patriotes Minine et Pojarsky, l'*Eglise Saint-Basile* (à gauche) caractéristique du style russe, et la *Porte Saint-Sauveur,* qui donne sur le *Kremlin,* dont on aperçoit quelques bâtiments à droite. (*Voir le plan au bas et à droite de la carte.*)

parsemées de lacs. Le **climat** est rigoureux, mais humide. Les principales **ressources** viennent de l'exploitation des *forêts,* de la culture du *lin* et de l'élevage des *porcs.*

Kovno, sur le Niémen, est la capitale de la Lithuanie ; **Memel** en est le port.

Riga (580.000 h.), au fond du golfe de même nom, est la capitale de la Lettonie ; elle a des tissages de coton et des usines métallurgiques ; elle exporte du bois, du lin et des céréales.

Revel, sur le golfe de Finlande, est la capitale de l'Estonie.

FINLANDE

8. La Finlande est une république. Elle égale 12 fois la Belgique et compte plus de 3 millions d'hab. (10 par km²). Les *Finlandais* sont de race jaune et de religion protestante.

Le Nord de la Péninsule Scandinave est occupé par les Lapons. Ils appartiennent à la race jaune, et vivent de l'élevage du renne.

La Finlande forme un plateau granitique, parsemé de lacs et couvert de forêts.

Le **climat** est continental, très rigoureux en hiver.

Les *forêts* alimentent de nombreuses industries de bois et de papier ; les chutes d'eau actionnent des *industries textiles* (cotonnades) ; les prairies nourrissent du *bétail ;* la région méridionale produit bien quelques *céréales,* mais elles ne peuvent suffire à l'alimentation.

Helsingfors, sur le golfe de Finlande, est la capitale.

Questionnaire. — **1.** Combien l'Europe a-t-elle d'habitants ? — Est-elle plus peuplée que les autres Parties du monde ? — **2.** A quelle race et à quelle religion appartiennent les Européens ? — Indiquez les peuples formés, les régions habitées et la religion pratiquée : par les Latins ; — ...par les Germains ; — ...par les Slaves. — Que savez-vous des Irlandais, des Bretons et des Basques ? — ...des Européens de race jaune ? — ...des Juifs ? — **3.** En combien d'États principaux est divisée l'Europe ? — Que savez-vous des grands États ? — Comment nomme-t-on les autres États ? — **4.** Que savez-vous du gouvernement de la Russie ? — ...de son étendue ? — ...de sa population ? — **5.** ...de son aspect ? — ...de son climat ? — ...de ses productions ? — **6.** ...de ses villes ? — **7.** et **8.** Même genre de questions pour la Lithuanie, la Lettonie et l'Estonie ; ...pour la Finlande.

Devoir écrit. — 1. *Exercice 7 du Cahier de Croquis.* — 2. *Nommez, du Nord au Sud, les principales zones de végétation de la Russie et indiquez quelques productions propres à chacune.* — 3. *Nommez, dans l'ordre du texte, les ports de l'Europe du Nord-Est, et indiquez l'État auquel ils appartiennent, le fleuve ou l'Océan (mer ou golfe) sur lequel ils sont situés et leur commerce s'il y a lieu.*

20e Leçon. — L'EUROPE DU NORD-OUEST

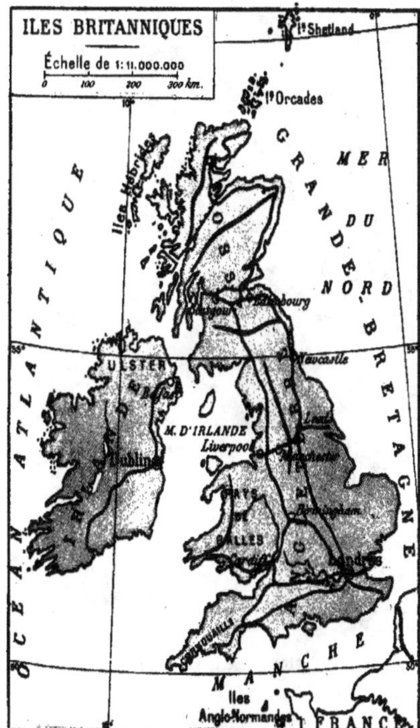

Exercice d'observation. — *1. Que représente a carte de cette page ? — 2. Nommez les mers qui entourent ces îles. — 3. Quels sont les pays de la Grande-Bretagne ? — 4. Nommez ses principales villes. — 5. Nommez un pays et deux villes de l'Irlande. — 6. Que représente la carte de la page 37 ? — 7. La Suède et la Norvège sont-elles représentées en entier ? — 8. Quels sont les océans ou les mers, les détroits et les golfes qui limitent la Norvège et la Suède ? — 9. Nommez deux îles et une presqu'île du Danemark. — 10. Indiquez deux villes de la Norvège. — ...deux de la Suède. — ...une du Danemark.*

ILES BRITANNIQUES

1. Gouvernement, étendue et population. — Les Iles Britanniques comprennent la *Grande-Bretagne* (Angleterre, Écosse, Pays de Galles et Cornouaille), l'*Irlande* et quelques petits *archipels voisins* (Hébrides, Orcades et Shetland). Elles forment le **Royaume de Grande-Bretagne**, plus communément désigné sous le nom d'Angleterre, et l'**État libre d'Irlande**, rattaché à l'Angleterre.

Les Iles Britanniques égalent 10 fois et demie la Belgique, et comptent 48 millions d'hab. (156 au km²), en majorité de famille germaine, de langue anglaise et de religion protestante. Cependant les Gallois, les Cornouaillais et les Irlandais sont des Celtes ; les Irlandais sont catholiques.

2. Aspect, climat et productions. — L'Angleterre est un *pays de plaines* ; l'Écosse, le Pays de Galles et la Cornouaille sont *montagneux* ; l'Irlande est *déprimée au centre et accidentée, au pourtour*, de massifs peu élevés.

Le climat est océanique : doux, égal, pluvieux et brumeux. Il convient à l'*élevage*, qui est très développé, et aux cultures de *céréales*, de plus en plus réduites au profit des herbages. Les productions agricoles sont loin de suffire à la consommation.

La *Grande-Bretagne est surtout industrielle*, car ses mines de *houille et de fer* sont très riches. Ses industries les plus actives sont celles de la *métallurgie et des textiles*.

Le commerce extérieur de l'Angleterre est le plus important du Globe. Il est dû surtout à son immense empire colonial et à sa marine marchande, la première de toutes.

3. Villes. — Les villes anglaises rassemblent les 3/5 de la population : cinq ont plus de 500.000 habitants ; quarante-cinq plus de 100.000.

Londres (5 millions d'hab.), capitale du Royaume, est un grand port sur la Tamise, et la première ville du monde, après New-York, pour la population et le commerce.

Glasgow (1.100.000 h.) a d'immenses chantiers de constructions navales.

Liverpool (716.000 h.), second port du royaume, sur la Mer d'Irlande, approvisionne l'Angleterre de coton.

Manchester (660.000 h.) travaille le coton ; **Leeds**, la laine, et **Belfast** (393.000 h.), dans l'Ulster, le lin.

Birmingham (870.000 h.) est le principal centre d'industrie métallurgique.

Cardiff et **Newcastle** (271.000 h.) exportent de la houille.

Édimbourg (420.000 h.) est la capitale politique de l'Écosse (*Voir la 1ʳᵉ image*) ; **Dublin** (400.000 h.), celle de l'Irlande.

4. Colonies. — L'*empire colonial anglais* est le plus vaste et le plus peuplé : il comprend le cinquième des terres et le quart de la population du Globe. On peut diviser ses possessions en trois groupes ou catégories :

1º Dans les *régions tempérées* : des colonies de peuplement, qui jouissent d'une autonomie presque complète : le Canada, l'Union Sud-Africaine, l'Australie et la Nouvelle-Zélande.

2º Dans les *régions chaudes* : des colonies d'exploitation, étroitement surveillées, comme l'Inde, la Nigéria et l'Afrique orientale anglaise.

3º *Disséminés sur toute la surface du Globe* : des entrepôts de commerce, comme Singapour et Hong-kong, et des points stratégiques, comme Gibraltar et Malte.

1. — **Edimbourg**, l'ancienne capitale de l'Écosse, possède de superbes monuments qu'entourent de beaux jardins. La colline qui domine la ville porte le vieux château royal. Édimbourg s'intitule l'*Athènes du Nord* ; elle est en effet une ville artistique et lettrée.

DANEMARK

5. Gouvernement, étendue et population. — Le Danemark est un royaume. Il égale une fois et demie la Belg. et compte plus de 3 millions d'hab. (75 au km²), des Scandinaves, de langue danoise et de religion protestante.

6. Aspect, climat et productions. — Le Danemark est un pays de *plaines basses*. Il comprend la *Presqu'île du Jutland* et l'*Archipel danois*, dont les deux îles principales sont *Seeland* et *Fionie*.

Le climat est océanique : doux, égal, humide et brumeux ; il convient aux prairies d'élevage. Le Danemark est le premier pays d'Europe pour la production du beurre. Son commerce maritime est très actif.

7. Villes et possessions extérieures. — Copenhague (506.000 h.), la capitale, dans l'île Seeland, sur le Sund, est un port franc très animé, et un centre d'industries alimentaires.

L'archipel volcanique des *Fœr-Œer* forme une province danoise, tandis que le *Groenland* est une colonie. vaste mais glacée.

8. L'Islande est une grande île volcanique presque déserte. Sa principale ressource est la pêche à la morue. Elle forme un royaume autonome ou indépendant, uni au Danemark par un souverain commun.

SUÈDE

9. Gouvernement, étendue et population. — La Suède est un royaume. Elle égale 14 fois et demie la Belg. et compte près de 6 millions d'hab. (14 au km²), des Scandinaves, de langue suédoise et de religion protestante.

10. Aspect, climat et productions. — La Suède occupe le versant oriental des *Monts Scandinaves*. C'est un pays de *plateaux* au Nord, et de *plaines parsemées de lacs* au Sud. Son climat continental est rigoureux en hiver.

Les plaines du Sud produisent des céréales et nourrissent de nombreux *troupeaux*. Les *forêts* sont la principale richesse de la Suède : elles alimentent des industries nombreuses et prospères de bois, de papier et d'allumettes. Le pays est riche également en *minerai de fer*, qu'il est obligé d'exporter faute de houille.

11. Villes. — Stockholm (408.000 h.), bon port à l'entrée du Lac Mœlar, près de la Baltique, est la capitale de la Suède.

2. — Le Sognefiord. — Les fiords sont des golfes longs, étroits. sinueux et profonds, dominés par de hautes falaises à pic. Le Sognefiord, au nord de Bergen, a 175 km. de long, 3 à 6 km. de large, 900 à 1.200 mètres de profondeur, et il est dominé par des murailles de 1.200 à 1.700 mètres de hauteur.

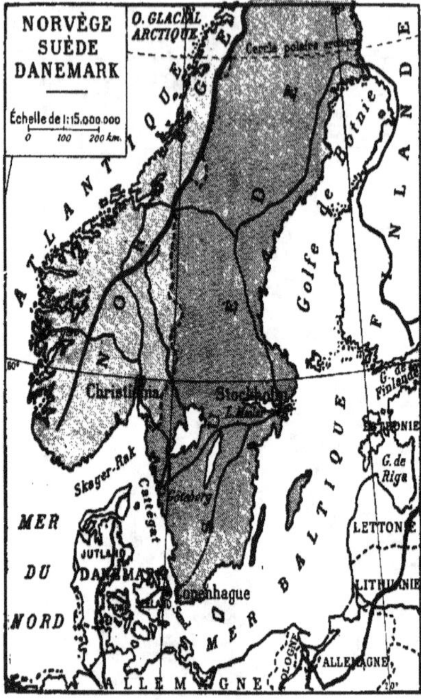

Göteborg, sur le Cattégat, est le port principal.

NORVÈGE

12. Gouvernement, étendue et population. — La Norvège est un royaume. Elle égale 11 fois la Belgique et compte près de 3 millions d'hab. (8 au km²), des Scandinaves, de langue norvégienne et de religion protestante.

13. Aspect, climat et productions. — La Norvège occupe le versant occidental des *Monts Scandinaves*. C'est un *pays montagneux* ; il se termine sur l'Atlantique en *falaises abruptes* découpées par d'innombrables golfes longs, étroits et profonds, appelés *fiords*. (*Voir 2ᵉ image.*)

Le climat est océanique ; grâce au Gulf-Stream, les fiords ne gèlent guère qu'au voisinage du Cap Nord.

Les *Norvégiens* exploitent leurs immenses *forêts*, font l'élevage du gros *bétail*, mais ils se livrent surtout à la *pêche* et au *commerce maritime*.

14. Villes. — Christiania (256.000 h.), au fond d'un fiord, sur le Skager-Rak, est un port de commerce et la capitale de la Norvège.

Bergen est le principal port de pêche du royaume.

21e Leçon. — L'EUROPE CENTRALE

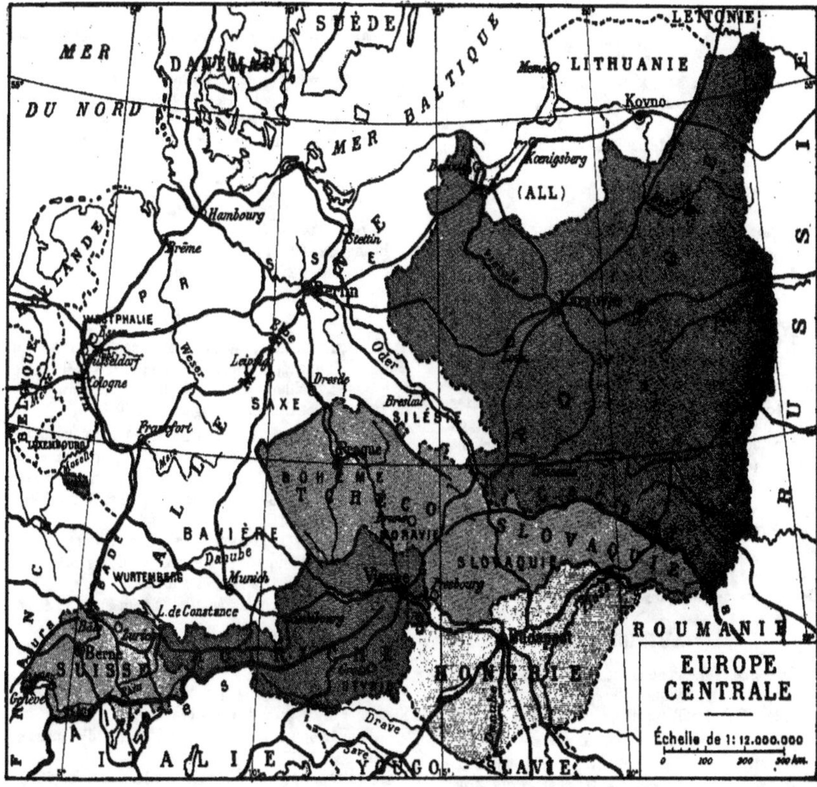

Exercice d'observation. — 1. *Quels sont les États de l'Europe centrale ?* — 2. *Nommez les fleuves qui traversent la Pologne ; l'Allemagne ; la Hongrie.* — 3. *Nommez les villes de la Pologne ; de l'Allemagne ; de la Suisse ; de l'Autriche ; de la Hongrie ; de la Tchéco-Slovaquie.*

ALLEMAGNE

Texte. — 1. **Gouvernement, étendue et population.** — Depuis la Grande Guerre, l'*Allemagne* est une *république fédérale*, mais elle s'appelle *empire républicain*. Les anciens États portent le nom de *pays* ; ils ont une constitution républicaine. Les plus étendus et les plus peuplés sont : la *Prusse*, la *Bavière*, la *Saxe*, le *Wurtemberg* et le *Pays de Bade*.

L'Allemagne égale 15 fois et demie la Belgique et compte 60 millions d'hab. (123 au km²). Après la Russie, c'est le pays le plus peuplé de l'Europe et celui où la population s'accroît le plus rapidement.

Les deux tiers des Allemands sont protestants surtout à l'Est ; ceux de l'Ouest sont catholiques.

2. Aspect, climat et productions. — L'Allemagne est une *contrée basse, sablonneuse et marécageuse* au Nord, *montagneuse et accidentée* au Sud. Elle est sillonnée de fleuves lents, favorables au commerce.

Le climat est semi-océanique à l'Ouest ; il devient de plus en plus rude et excessif à mesure qu'on s'éloigne de l'Atlantique.

Le *sol est pauvre*, mais bien cultivé. Il produit du *seigle* et de l'*avoine*, des *pommes de terre* et des *betteraves*

à sucre ; il nourrit beaucoup de *bestiaux* et de *chevaux*. Les *forêts* couvrent le quart du pays.

Malgré sa défaite, qui lui a fait perdre quelques bassins houillers et de nombreuses mines de fer, l'Allemagne est encore une grande *puissance industrielle*. Ses *industries chimiques, électriques, métallurgiques et textiles* se groupent surtout dans les Pays rhénans et en Westphalie, en Saxe et en Silésie.

3. Villes. — L'Allemagne est un pays de grandes villes : 7 ont plus de 500.000 habitants et 41 plus de 100.000.

Berlin (1.800.000 h.), dans la plaine du Nord, est à la fois la capitale de la Prusse et de l'empire fédéral ; c'est le premier centre industriel de l'Allemagne.

Hambourg (930.000 h.) et **Brême** (247.000 h.), sur la Mer du Nord ; **Stettin** (223.000 h.), et **Kœnigsberg** (246.000 h.), sur la Baltique, sont des ports considérables.

Munich (608.000 h.), capitale de la Bavière, est renommée pour sa bière, ses monuments et ses musées.

Dresde (552.000 h.), capitale de la Saxe, est un grand centre métallurgique ; elle a de riches musées.

Leipzig (626.000 h.), en Saxe, est célèbre par ses foires et sa librairie.

Breslau (515.000 h.), en Silésie, fait un grand commerce de laines.

Cologne (517.000 h.) (*Voir 3e page de la couverture, 2e image*) et **Dusseldorf** (359.000 h.) sont des ports rhénans et des centres industriels. **Essen** (463.000 h.), dans le bassin houiller de la Ruhr, possède les fameuses usines Krupp.

Francfort-sur-le-Main (415.000 h.), est la ville des banquiers.

SUISSE

4. Gouvernement, étendue et population. — La Suisse est un pays neutre. Elle forme une *république fédérale* de 25 cantons autonomes. Elle égale 1 fois un tiers la Belgique et compte près de 4 millions d'hab. (95 au km²), de langue allemande et de religion protestante au Nord-Est ; de langue française ou italienne et de religion catholique à l'Ouest et au Sud.

5. Aspect, climat et productions. — La Suisse comprend trois régions : au Sud, les *Alpes*, découpées en massifs par des vallées profondes comme celles du Rhône et du Rhin ; au Centre, un *plateau* vallonné ; au Nord-Ouest, le *Versant oriental du Jura*.

Son climat continental est aussi varié que le relief.

La montagne vit de l'exploitation des *forêts*, de l'*élevage* (fromage de Gruyère) et de l'*industrie hôtelière*, pour les nombreux touristes qui la visitent. Le Plateau et les pentes du Jura cultivent les *céréales* et la *vigne*. Les innombrables chutes d'eau ont permis le développement des *industries textiles et métallurgiques*. Le Jura travaille l'*horlogerie*.

6. Villes. — Berne (110.000 h.) est la capitale fédérale.

Zurich (414.000 h.) est un centre d'industrie textile et métallurgique. (*Voir 3e page de la couverture, 5e image.*)

Bâle, sur le Rhin, est une ville commerçante.

Genève, au débouché du lac Léman, est le centre de l'horlogerie.

AUTRICHE

7. Gouvernement, étendue et population. — L'Autriche forme une république. Elle égale 3 fois la Belgique et compte près de 7 millions d'hab. (79 au km²) de langue allemande et de religion catholique.

8. Aspect, climat et productions. — L'Autriche est un *pays montagneux*, couvert par les chaînes des *Alpes*, sauf au Nord-Est où coule le Danube, dans une *vallée alluviale*.

Le climat, semi-continental, est modifié par l'altitude.

Les plaines produisent du *blé* et des *betteraves à sucre*. Les montagnes ont des *forêts* et des *pâturages* qui nourrissent des vaches laitières.

L'*industrie métallurgique* est très développée en Styrie, grâce aux mines de *houille* et de *fer* de la région.

9. Villes. — Vienne (1.800.000 h.), la capitale, sur le Danube, et au croisement de nombreuses voies ferrées, s'adonne à toutes sortes d'industries, surtout à celles de luxe. (*Voir 3e page de la couverture, 3e image.*)

Gratz est une grande ville métallurgique.

Salzbourg occupe un site pittoresque au centre d'importantes mines de sel.

TCHÉCO-SLOVAQUIE

10. Gouvernement, étendue et population. — La Tchéco-Slovaquie est une république. Elle égale 4 fois et demie la Belg. et compte 14 millions d'hab. (97 au km²) : des *Tchèques* en Bohême, des *Moraves* et des *Slovaques*. Ils appartiennent à la famille slave et parlent le tchèque ; ils sont catholiques.

11. Aspect, climat et productions. — La Bohême est un *plateau* quadrangulaire, bordé de montagnes ; la Slovaquie, une *région montagneuse*, sur le flanc méridional des Carpathes ; la Moravie, un *couloir* entre les Monts de Bohême et les Carpathes.

La Tchéco-Slovaquie a un climat continental, nuancé par le relief.

Les principales cultures sont celles du *blé* et des *pommes de terre*, pour l'alimentation ; de l'*orge* et du *houblon*, pour les brasseries ; de la *betterave*, pour la fabrication du sucre ; du *lin*, pour les industries textiles.

La *houille et le fer* ont provoqué le développement des industries de la métallurgie et de la verrerie (cristaux de Bohême).

12. Villes. — Prague (677.000 h.), en Bohême, est la capitale ; c'est un grand centre industriel. (*Voir 3e page de la couverture, 4e image.*)

Bruno (221.000 h.), en Moravie, et Presbourg en Slovaquie, sont des centres industriels.

POLOGNE

13. Gouvernement, étendue et population. — La Pologne est une république. Elle égale 10 fois la Belgique et compte 27 millions d'hab. (70 au km²), de race slave, de langue polonaise et de religion catholique.

14. Aspect, climat et productions. — La Pologne est une *grande plaine*, limoneuse et fertile au Centre, marécageuse et pauvre au Nord ; seule la région méridionale, formée par le versant Nord des Carpathes, est montagneuse et accidentée.

Le climat est semi-continental. L'*agriculture* est la grande ressource du pays ; elle produit des *céréales*, des *pommes de terre* et des *betteraves à sucre*.

Le sous-sol est riche en *houille*, en *pétrole*, en *fer* et en *sel gemme*.

Les *industries textiles* et *métallurgiques* sont les plus importantes.

15. Villes. — Varsovie (790.000 h.), la capitale, sur la Vistule, a des sucreries et des brasseries.

Lodz (415.000 h.) est un grand centre d'industries textiles.

Cracovie, sur la haute Vistule, est l'ancienne capitale.

DANZIG, port sur la Baltique, forme, avec son territoire (330.000 h.), un État libre englobé dans les limites douanières de la Pologne.

HONGRIE

16. Gouvernement, étendue et population. — La Hongrie est une république. Elle égale 3 fois la Belgique et compte 8 millions d'hab. (86 au km²), des Hongrois ou Magyars, de race jaune germanisée, de langue hongroise et de religion catholique.

17. Aspect, climat et productions. — La Hongrie est une *vaste plaine* drainée par le Danube et son affluent la Tisza. Son climat est excessif et peu humide.

La Hongrie s'adonne surtout à l'agriculture et aux industries qui en dérivent. Elle cultive le *blé* et le *maïs*, et élève des *chevaux* et des *porcs*.

18. Villes. — Budapest (880.000 h.), la capitale, est formée de deux villes séparées par le Danube.

Les autres villes hongroises ne sont que de gros bourgs agricoles.

Questionnaire. — **1.** Que savez-vous du gouvernement de l'Allemagne ? — ...de son étendue ? — ...de sa population ? — **2.** ...de son aspect ? — ...de son climat ? — ...de ses productions? — **3.** ...de ses villes ? — **4 à 18.** Même genre de questions pour la Suisse ; pour l'Autriche ; pour la Tchéco-Slovaquie ; pour la Pologne ; pour la Hongrie.

Devoir écrit. — **1.** *Exercice* 10 *du Cahier de Croquis.* — **2.** *Nommez, de l'Est à l'Ouest, les ports de la Baltique et de la Mer du Nord qui figurent sur la carte de cette leçon et indiquez l'État auquel ils appartiennent.*

22e Leçon. — FRANCE ET HOLLANDE — ESPAGNE ET PORTUGAL

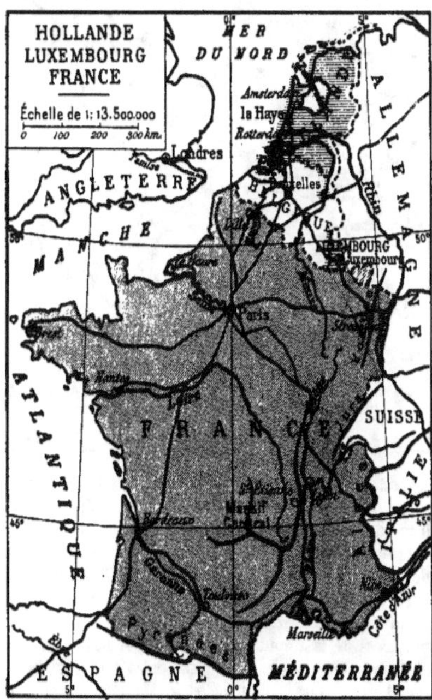

Exercice d'observation. — 1. *Quels sont les pays représentés sur la carte ci-dessus ? — 2. Nommez les mers qui les entourent. — 3. ...les fleuves qui les traversent. — 4. ...leur capitale. — 5. ...leurs villes principales. — 6. Allez, en chemin de fer, d'Amsterdam à Bordeaux et nommez les Etats, les villes et les fleuves traversés. — 7. Nommez les Etats, avec leur capitale et les principales villes, représentés sur la carte de la page 41.*

FRANCE

Texte. — 1. Gouvernement, étendue et population. — La France est une République. Elle égale 18 fois la Belgique et compte 40 millions d'hab. (72 au km²), de race latine et de religion catholique.

2. Aspect, climat et productions. — Le sol de la France est incliné du S.-E. au N.-O. Au S.-E., il est formé par des montagnes : les Pyrénées, les Alpes, le Jura et les Vosges qui sont séparés du Massif Central par les longues vallées de la Saône et du Rhône. Au N.-O., s'étendent de grandes plaines drainées par la Seine, la Loire et la Garonne.

Le **climat**, tempéré par la latitude et le voisinage des mers, est généralement doux et humide.

La France est le premier pays du monde pour les vins. Elle produit beaucoup de céréales et de betteraves à sucre, et élève de nombreux troupeaux.

Riche en fer, mais insuffisamment pourvue de houille, la France occupe le quatrième rang pour la grande industrie et le premier pour les industries d'art et de luxe. Ses industries alimentaires et textiles sont très prospères. Elle exporte surtout des vins et des soieries ; elle importe des matières premières pour ses industries, et des denrées alimentaires.

3. Villes. — La France est surtout rurale. Ses villes ne comprennent que les 2/5 de la population au lieu des 3/5 comme en Angleterre, et des 4/5 comme en Allemagne.

Paris, la capitale, sur la Seine, compte près de 8 millions d'habitants. (*Voir 3e page de la couverture, 1re image*) Elle est la ville la plus célèbre pour l'élégance, le bon goût et la beauté de ses monuments. Les produits de ses industries de luxe et sa bimbeloterie, connue sous le nom d'articles de Paris, s'écoulent dans le monde entier.

Marseille (590.000 h.), sur la Méditerranée, est le premier port français ; les plus importants parmi les autres sont : Le Havre, sur la Seine ; Nantes, sur la Loire et Bordeaux, sur la Garonne. Brest est un port de guerre.

Lyon (565.000 h.) est le plus grand marché du monde pour les soieries de luxe.

Lille (200.000 h.), **Strasbourg, Toulouse et Saint-Étienne,** sont des villes industrielles.

Nice est une importante station hivernale sur la *Côte d'Azur.*

4. Colonies. — La France vient immédiatement après l'Angleterre, pour l'importance de ses colonies. Elles ont 20 fois l'étendue de son territoire et sont peuplées de 50 millions d'hab. Les principales sont : en Afrique : les Pays de l'Atlas, l'Afrique occidentale et équatoriale, Madagascar ; en Asie : l'Indochine orientale ; en Amérique : la Guyane et quelques Antilles ; en Océanie : la Nouvelle-Calédonie et quelques archipels polynésiens.

LUXEMBOURG

5. Le Grand-Duché de Luxembourg est un petit État indépendant en union économique avec la Belgique (13 fois plus petit). Il compte 260.000 habitants, de religion catholique et de langues allemande et française. C'est le prolongement de notre Ardenne et de notre Gaume. Le Sud ou *Bon Pays*, est fertile et riche en mines de fer. **Luxembourg** (20.000 h.), sa capitale, est très pittoresque.

HOLLANDE

6. Gouvernement, étendue et population. — La Hollande est un royaume. Elle égale 1 fois 1/10 la Belgique et compte près de 7 millions d'hab. (210 au km²), de langue hollandaise et de religions protestante (3/5) et catholique (2/5).

1. — Paysage hollandais. — La moitié occidentale de la Hollande est à un niveau inférieur à celui des hautes marées. Pour la préserver de l'envahissement des eaux, on a construit des digues puissantes sur tout le littoral et le long des cours d'eau ; l'embouchure des fleuves a été fermée par des écluses qui ne s'ouvrent qu'à marée basse ; des centaines de pompes à vapeur et des milliers d'autres mues par le vent, travaillent sans cesse à puiser les eaux de pluie ou d'infiltration et à les verser à la mer ou dans les canaux endigués. Sur ces terrains constamment humides et très fertiles (les polders) une herbe toujours verte nourrit un nombreux bétail, dont les produits (lait, beurre et fromage) constituent la principale richesse du pays.

7. Aspect, climat et productions. — La Hollande ou
Pays-Bas est une *plaine basse*. La moitié occidentale est
à un niveau inférieur à celui des hautes marées ; mais
des digues puissantes la préservent de l'envahissement
des eaux. Ces terres endiguées, ou polders, sont formées
d'alluvions fluviales très fertiles. (*Voir 1re image.*)

Le **climat** est océanique : doux, égal, humide et brumeux. Il convient aux prairies d'*élevage* pour le bétail,
dont les produits constituent la principale richesse du
pays (fromage de Hollande). Les *cultures industrielles*
(betteraves à sucre), *maraîchères, fruitières et florales*
(tulipes, jacinthes, etc.), sont les plus répandues. La
pêche est une autre source importante de revenus. Les
industries travaillent surtout les produits agricoles du
pays et des colonies.

8. Villes. — La Haye (352.000 h.), la capitale, n'est
que la 3e ville du royaume.

Amsterdam (644.000 h.), port sur le Zuiderzée et sur
un canal qui l'unit à la Mer du Nord, taille des diamants.

Rotterdam (500.000 h.), sur une des bouches du Rhin,
est le principal port de commerce de la Hollande.

9. Colonies. — Les Pays-Bas possèdent la *Guyane
hollandaise* et la plus grande partie de l'*Insulinde* (Java,
Sumatra, etc.). Ces possessions ont 72 fois l'étendue de la
Belgique et sont peuplées de 44 millions d'hab.

ESPAGNE

10. Gouvernement, étendue et population. — L'*Espagne* est un royaume. Elle égale près de 17 fois la Belgique et compte 22 millions d'hab. (42 au km²), de langue
espagnole et de religion catholique.

11. Aspect, climat et productions. — L'Espagne comprend trois régions : au Centre, l'immense *plateau de
Castille* relevé au Nord-Est dans les *Monts Ibériques*
et sillonné par le *Douro*, le *Tage* et la *Guadiana* ; au
Nord, les *Pyrénées*, et au Sud, la *Sierra-Névada*, qui sont
séparées du plateau par la vallée de l'*Èbre* et par la plaine
du *Guadalquivir* ou de l'Andalousie ; la plaine littorale
de Valence borde le plateau à l'Est.

Le **climat** est sec et excessif sur le plateau ; océanique
au Nord-Ouest ; méditerranéen au Sud et à l'Est.

Les plateaux nourrissent beaucoup de *moutons* ; les
plaines et les vallées produisent du *vin et des fruits*. Le
pays est riche en *mines*, mais elles sont surtout exploitées par des étrangers. L'insuffisance des voies de communication paralyse l'industrie et le commerce.

12. Villes. — Madrid (651.000 h.), la capitale, est la
seule grande ville des plateaux. (*Voir 3e page de la couverture, 6e image.*)

Barcelone (710.000 h.), sur la Méditerranée, est le
premier port de l'Espagne, et un centre important d'industries métallurgiques et textiles. Bilbao, sur le Golfe
de Gascogne, est un grand centre industriel.

Valence (244.000 h.) est célèbre par ses oranges ;
Alicante et Malaga, par leurs vins ; Séville, Cordoue et
Grenade, par leurs monuments.

13. Possessions extérieures. — Outre les *Baléares* et
les *Canaries*, qui forment deux provinces du royaume,
l'Espagne possède encore quelques petits territoires en
Afrique : tels que le *Riff*, au Nord du Maroc.

PORTUGAL

14. Le Portugal est une république. Il égale 3 fois la
Belgique et compte près de 6 millions d'hab. (64 au km²).
de langue portugaise et de religion catholique.

C'est un *pays accidenté*. Son climat est océanique,
chaud et humide. Le sol est fertile, mais à moitié inculte ;
il produit du *vin* et des *fruits*, surtout des oranges.

Lisbonne (485.000 h.), la capitale, est un grand port
de transit, à l'embouchure du Tage. (*Voir 2e image.*)

Porto exporte des vins renommés.

En dehors des *Açores* et de *Madère* qui forment deux
provinces de la République, le Portugal possède encore
d'importantes colonies. Les principales sont les *Iles du
Cap Vert*, la *Guinée*, l'*Angola* et le *Mozambique*, en Afrique ; quelques comptoirs en Asie.

Questionnaire. — **1.** Que savez-vous du gouvernement de
la France ? — ...de son étendue ? — ...de sa population ? — **2.** ...de
son aspect ? — ...de son climat ? — ...de ses productions? — **3.** ...de
ses villes ? — **4.** ...de ses colonies ? — **5 à 14.** Même genre de questions pour le Luxembourg ; pour la Hollande ; pour l'Espagne
pour le Portugal.

Devoir écrit. — *1. Exercices 11 et 12 du Cahier de Croquis. —
2. Que savez-vous de l'aspect, du climat et des productions de la France
de la Hollande et de l'Espagne ?*

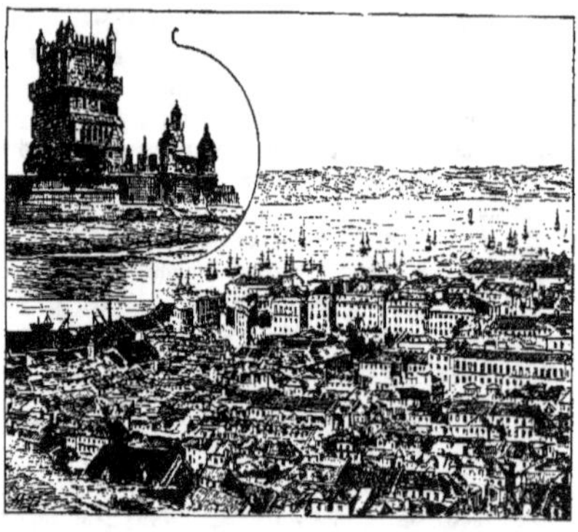
2. — **Lisbonne et la Tour de Belem.** — Lisbonne est avantageuse-
ment bâtie en amphithéâtre, sur la rive nord du goulet du Tage,
de 2 km. de large, que l'on voit ici et dont on aperçoit la rive sud.
A l'ouest de la ville et sur la même rive, est le faubourg de Belem
(Bethléem) dont on admire une tour carrée finement sculptée, de
35 mètres de haut.

23e Leçon. — L'EUROPE DU SUD-EST

Exercice d'observation. — 1. *Quels sont les pays représentés sur la carte ci-dessus ? — 2. Nommez les mers qui les entourent. — 3. ...les fleuves qui les traversent. — 4. ...leur capitale. — 5. ...leurs villes principales.*

ITALIE

Texte. — 1. **Gouvernement, étendue et population.** — L'*Italie* est un royaume. Elle égale 10 fois et demie la Belgique et compte 39 millions d'hab. (128 au km²), de langue italienne et de religion catholique.

2. **Aspect, climat et productions.** — L'Italie comprend trois régions : 1º une *partie continentale*, la plaine du Pô, encadrée par les Apennins et les Alpes ; 2º une *longue péninsule*, couverte par les Apennins ; 3º *deux grandes îles montagneuses* : la Sicile et la Sardaigne.

Le climat de la plaine du Pô est continental ; celui de la péninsule et des îles est méditerranéen : les hivers sont tièdes, et les étés, très chauds.

L'Italie est surtout **agricole**. Elle cultive du *blé*, du *maïs* et du *riz*, dans les plaines ; du *seigle*, sur les plateaux ; de la *vigne* et des *arbres fruitiers* (oliviers, orangers, citronniers) sur les coteaux.

Le *soufre*, le *marbre* et le *fer* abondent. Le charbon fait défaut ; on le remplace par la *houille blanche*, au pied des Alpes, où se concentrent les industries des *pâtes* alimentaires et des *textiles*, et par les charbons étrangers, dans les ports qui travaillent le fer.

3. **Villes.** — L'Italie a 13 villes de plus de 100.000 habitants. Aucun autre pays n'en possède un aussi grand nombre de remarquables par leur richesse artistique.

Rome (600.000 h.), sur le Tibre, est la ville la plus célèbre de l'univers par ses monuments et son histoire ; c'est la capitale de l'Italie et le centre du catholicisme, puisque son chef, Notre Saint-Père le Pape, y réside. (*Voir page 44, 1re image.*)

Naples (700.000 h.), au fond d'une baie incomparable que domine le Vésuve, est la première ville d'Italie pour la population et l'industrie, et la seconde, après Gênes, pour le tonnage de son port. (*Voir page 44, 3e image.*)

Milan (563.000 h.), dans la plaine du Pô, en Lombardie, rivalise avec Lyon pour l'industrie de la soie ; sa cathédrale de marbre fait l'admiration universelle.

Turin (452.000 h.), dans le Piémont, sur le Pô, travaille la laine et le coton.

Gênes (300.000 h.), sur le golfe qui lui doit son nom, est le premier port italien. Constructions navales.

Venise (161.000 h.), l'ancienne capitale de la fameuse république de même nom, est bâtie sur pilotis dans une lagune du fond de l'Adriatique ; elle conserve de beaux monuments de sa splendeur passée. (*Voir l'image.*)

Florence (242.000 h.), fut la cité des arts et reste la ville des musées.

Livourne en Toscane, Trieste en Istrie, Zara en Dalmatie, Palerme, Catane et Messine en Sicile, sont des ports de commerce.

4. Colonies. — L'Italie possède trois colonies en Afrique : la *Libye*, l'*Erythrée* et la *Somalie*.

YOUGO-SLAVIE

5. Gouvernement, étendue et population. — Le *royaume Serbe-Croate-Slovène*, communément appelé *Yougo-Slavie*, égale 8 fois et demie la B. et compte 12 millions d'h. (48 au km²), de race slave ; les *Serbes* sont schismatiques ; les *Croates* et les *Slovènes*, catholiques.

6. Aspect, climat et productions. — La *Yougo-Slavie* comprend deux régions : au Nord-Est une *longue plaine* drainée par la Drave et la Save, affluents du Danube ; au Sud-Ouest un *pays montagneux* couvert par les Alpes Dinariques. Le climat est méditerranéen sur l'étroite zone côtière de l'Adriatique ; partout ailleurs il est semi-continental.

La Yougo-Slavie est essentiellement *agricole* ; elle cultive du *blé*, du *maïs* et des *arbres fruitiers*, surtout des pruniers ; elle élève des *bestiaux* et des *porcs* ; enfin, elle exploite ses *forêts* qui couvrent les 2/5 du sol.

7. Villes. — Belgrade (120.000 h.), la capitale, en Serbie, est bâtie au confluent de la Save et du Danube.

Raguse et Cattaro sont des ports sur l'Adriatique.

ROUMANIE

8. Gouvernement, étendue et population. — La *Roumanie* est un royaume. Elle égale plus de 9 fois la B. et compte 17 millions d'h. (53 au km²), de famille latine, de langue roumaine et de religion grecque.

9. Aspect, climat et productions. — La Roumanie comprend quatre régions. Ce sont, de l'Ouest à l'Est : le *Plateau de Transylvanie*, les *pentes des Carpathes*, les *plaines de Valachie*, de *Moldavie* et de *Bessarabie*, et le *Plateau de la Dobroudja*. Le climat est continental et excessif.

La Roumanie est surtout agricole : elle cultive du *blé* et du *maïs*, élève des *bestiaux* et des *porcs*, exploite ses *forêts*, et se livre à la *pêche*. Les pentes des Carpathes ont de riches mines de *pétrole* et de *sel*.

10. Villes. — Bucarest (346.000 h.), la capitale, est une ville élégante, qu'on a appelée le « Paris de l'Orient ».

Constantza, sur la Mer Noire, est le principal port.

BULGARIE

11. Gouvernement, étendue et population. — La *Bulgarie* est un royaume dont le roi porte le nom de tzar. Elle égale 3 fois et demie la B. et compte 5 millions d'h. (50 au km²), de race jaune, mais slavifiés, et de religion grecque.

12. Aspect, climat et productions. — La Bulgarie occupe les deux *versants de la chaîne des Balkans* ; le versant nord descend lentement en un plateau ondulé qui se termine en falaise sur le Danube ; le versant sud, au contraire, est une région très disloquée.

Le climat est excessif : seules les vallées tournées vers le Sud ressentent les influences de la Méditerranée.

La Bulgarie est surtout agricole. Elle cultive du *blé* et du *maïs* ; des *rosiers* pour la fabrication de l'essence de rose, et des *mûriers* pour la nourriture du ver à soie ; elle élève des *chèvres et des brebis*.

13. Villes. — Sofia (105.000 h.), la capitale, est sur la grande ligne de l'Europe occidentale à Constantinople.

Varna et Bourgas sont des ports sur la Mer Noire.

Venise n'a point de rues ; les canaux en tiennent lieu : on y circule en gondole. Le Grand Canal que l'on voit ici, au premier plan, forme l'artère centrale ; il est bordé de places, de palais et d'églises. Le campanile qui domine l'ensemble est séparé du Grand Canal par le Musée et la Bibliothèque ; le Palais des Doges est à droite de la Petite Place (la Piazzetta) où se dressent deux colonnes de granit.

ALBANIE

14. L'Albanie forme un petit État indépendant. Elle est un peu moins grande que la Belgique et compte 800.000 hab. (37 au km²), catholiques au Nord, musulmans au Centre, grecs schismatiques au Sud.

Le pays est très *montagneux* ; son climat est méditerranéen sur la côte et semi-continental à l'intérieur ; les *Albanais* sont surtout pasteurs.

Durazzo est la capitale ; Valona, un excellent port.

GRÈCE

15. Gouvernement, étendue et population. — La *Grèce* ou l'*État hellénique* est une république. Elle égale un peu plus de 4 fois la Belgique et compte 5 millions d'hab. (39 au km²), de langue et de religion grecque.

16. Aspect, climat et productions. — La Grèce est un *pays montagneux*. Le littoral très découpé (Presqu'île de la Morée) est bordé de nombreuses îles : *Eubée*, les *Cyclades*, *Crète* et les *Ioniennes* sont les principales. Son climat méditerranéen est modifié par le relief.

La Grèce s'adonne surtout à l'agriculture, ses industries en dérivent. Elle cultive l'*olivier* et la *vigne*, fabrique de l'*huile* et du *vin*, et prépare des *raisins secs* ; elle élève des *chèvres* et des *brebis*.

17. Villes. — Athènes (170.000 h.), la capitale, est célèbre par ses monuments et son histoire. (*Voir page 44, 2e image.*)

Le Pirée est le port et le faubourg industriel et commercial d'Athènes. Corfou, dans les îles Ioniennes ; Salonique, en Macédoine ; la Canée, en Crète, sont des ports.

TURQUIE D'EUROPE

18. La Turquie d'Europe égale un peu plus d'une fois et demie la Belgique et compte plus de 2 millions d'hab. : des Turcs musulmans et des Grecs orthodoxes.

Constantinople (1.200.000 h.), sur le Bosphore, occupe une situation magnifique entre l'Europe et l'Asie.

Questionnaire. — 1. Que savez-vous du gouvernement de l'Italie ? — ...de son étendue ? — ...de sa population ? — 2. ...de son aspect ? — ...de son climat ? — ...de ses productions ? — 3. ...de ses principales villes ? — 4. ...de ses colonies ? — 5 à 18. Même genre de questions pour la Yougo-Slavie ; pour la Roumanie ; pour la Bulgarie ; pour l'Albanie ; pour la Grèce ; pour la Turquie d'Europe.

Devoir écrit. — 1. *Exercice 13 du Cahier de Croquis.* — 2. *Nommez, en suivant les côtes de l'Ouest à l'Est, les ports de l'Europe méridionale, indiquez sur quelle mer ils sont situés et le pays auquel ils appartiennent.* — 3. *Que savez-vous de l'aspect, du climat et des productions de l'Italie et de la Roumanie ?*

SUPPLÉMENT D'ILLUSTRATION POUR L'EUROPE ET L'AFRIQUE

1. — La Basilique Saint-Pierre de Rome vue en avion.

La Basilique Saint-Pierre de Rome est la plus vaste église du monde ; elle mesure 187 mètres de longueur, 135 mètres de largeur au transept, et 45 mètres de hauteur sous voûte. Le dôme, de 101 mètres de haut, est au-dessus de la crypte qui renferme le tombeau de l'apôtre saint Pierre, et porte sa croix à 134 mètres au-dessus du sol. La place, qui précède la façade de 128 mètres de largeur, est entourée d'une immense colonnade circulaire et bordée, sur sa droite en regardant la Basilique, par le Palais du Vatican, résidence du Souverain Pontife.

2. — Athènes et l'Acropole.

Athènes, la capitale de la Grèce, étale ses maisons modernes dans une petite plaine entre le rocher de l'Acropole, tout à droite de l'image, et la colline du Lycabète, au milieu. La ville ancienne, célèbre par ses souvenirs historiques et ses œuvres d'art, occupait l'Acropole et ses pentes, ainsi que les terrains non bâtis du premier plan. Elle garde encore de superbes ruines : l'image nous montre à droite, le temple du Parthénon qui domine l'Acropole, et à gauche dans la plaine, le Théséion ou temple de Thésée.

3. — Naples et le Vésuve.

Naples s'étale sur les pentes inclinées du coteau qui s'élève au fond d'une baie incomparable. Son air très doux et son beau ciel attirent une foule de touristes. Le Vésuve, qui gronde ou mugit quand il ne lance pas des torrents de lave, domine la baie de son cône qui atteint 1.200 mètres d'altitude. Les pins-parasol et le maquis broussailleux du premier plan, peuvent donner une idée assez exacte de la végétation de climat méditerranéen.

4. — Constantinople et le Bosphore.

Constantinople occupe une situation unique entre l'Europe et l'Asie. La ville est bâtie sur une presqu'île triangulaire formée par la Mer de Marmara, le Bosphore et la Corne d'Or, sorte de golfe très allongé qui sert de port. L'extrémité de la presqu'île, sur le Bosphore, porte le Sérail ou Palais, d'où son nom de Pointe du Sérail, et l'ancienne église Sainte-Sophie transformée en mosquée, dont on aperçoit ici la vaste coupole et les hauts minarets.

5. — Le Caire et les Pyramides.

Le Caire est bâti sur la rive droite du Nil dont on aperçoit, ici, la ligne blanche parallèle à l'horizon. Les Pyramides de Gizeh (à l'horizon et à gauche) s'élèvent à 13 km. au sud-ouest du Caire, sur un petit plateau qui domine de 40 mètres la rive gauche du Nil.

24e Leçon. — LA BELGIQUE

1. — La Belgique dans le Monde.

La Belgique est située dans la zone tempérée de l'hémisphère nord, et dans la partie occidentale et maritime de l'Europe.

2. — Formes, limites et dimensions de la Belgique.

Notre pays affecte la forme d'un triangle rectangle ; sa surface égale la 18.000e partie du Globe et la 329e de l'Europe.

Exercice d'observation. — *1. Quel est le pays qui occupe le milieu de la 1re image ? — Quelle est la Partie du monde située à l'Ouest de la Belgique ? — ...à l'Est ? — ...au Sud ? — 3. Quelle place la Belgique occupe-t-elle entre le Pôle Nord et l'Équateur ? — ...entre le Tropique du Nord et le Cercle polaire arctique ? — 4. Comment appelle-t-on la zone comprise entre ces deux parallèles ? — 5. Quelle place la Belgique occupe-t-elle dans la zone tempérée ? — 6. Où se trouve la Belgique par rapport à l'Europe ? — 7. En consultant la 2e image, nommez la mer qui baigne la Belgique. — 8. Ce pays a-t-il des montagnes qui lui servent de frontières ? — 9. Quel est le fleuve qui borne, en partie, la Belgique à l'Est ? — 10. Quels sont les pays voisins de la Belgique, et par quoi en sont-ils séparés ? — 11. Quelle est la forme générale de la Belgique ? — 12. Quel est le côté opposé à l'angle droit et quelle est sa longueur ? — 13. Quelle est la longueur des deux autres côtés ?*

Texte. — **1. Situation.** — La Belgique est située dans la zone tempérée de l'hémisphère nord. Elle fait partie de la grande plaine qui s'étend de la France jusqu'en Russie, le long de la Mer du Nord et de la Baltique.

Notre Patrie forme l'un des petits États de l'Europe occidentale et maritime où elle occupe une situation privilégiée entre les pays les plus industriels et les plus commerçants de l'Europe.

2. Limites. — La Belgique est bornée : au Nord et au Nord-Est par les Pays-Bas ; à l'Est par l'Allemagne et le Grand-Duché de Luxembourg ; au Sud et au Sud-Ouest par la France ; au Nord-Ouest par la Mer du Nord qui la sépare de l'Angleterre.

Ces bornes ou limites sont les frontières de la Belgique. Notre frontière du Nord-Ouest, formée par la mer, est une *frontière maritime* ; les autres sont formées par des terres : ce sont des *frontières continentales*. La frontière maritime de la Belgique ne mesure que 67 km, alors que les frontières continentales ont 1.280 km. environ.

Notre frontière maritime, et celle formée par la Meuse sur 40 km, mais coupée par l'enclave de Maestricht, sont des *frontières naturelles*. Nos autres frontières, formées par des plaines et des plateaux, sont des *frontières conventionnelles :* elles ont été déterminées par des traités avec les peuples voisins. Ces frontières conventionnelles ont des contours très zigzagués, souvent bizarres, anormaux même en quelques endroits.

3. Formes et dimensions. — La forme générale de la Belgique est celle d'un triangle rectangle ayant son angle droit au Nord-Est.

Elle mesure 177 km. du Nord au Sud, 230 de l'Est à l'Ouest et 288 du Nord-Ouest au Sud-Est. Sa superficie est de 30.500 km^2 ; soit la 18.000e partie du Globe et la 329e de l'Europe.

Questionnaire. — 1. Où est située la Belgique par rapport aux zones terrestres ? — De quelle grande plaine fait-elle partie ? — Quelle est la situation de la Belgique en Europe ? — Pourquoi y occupe-t-elle une situation privilégiée ? — 2. Quelles sont les bornes de la Belgique ? — Comment appelle-t-on encore les bornes ou limites d'un pays ? — Quel nom donne-t-on aux frontières formées par la mer ? — ...par les terres ? — La frontière maritime de la Belgique est-elle aussi développée que ses frontières continentales ? — Quelles sont les frontières naturelles de la Belgique ? — Comment qualifier nos autres frontières ? — 3. Quelle est la forme générale de la Belgique ? — Quelle est la longueur des deux côtés de l'angle droit ? — Celle du côté opposé à l'angle droit ? — Quelle est la superficie de la Belgique ? — Quelle est son étendue par rapport à la surface du Globe ? — ...à celle de l'Europe ?

Devoir écrit. — *1. Quels sont les pays voisins de la Belgique ? — 2. Par quelles frontières en sont-ils séparés ? — 3. Les frontières naturelles sont-elles plus avantageuses que les frontières conventionnelles ? — Pourquoi ?*

25e Leçon. — LA BELGIQUE PHYSIQUE

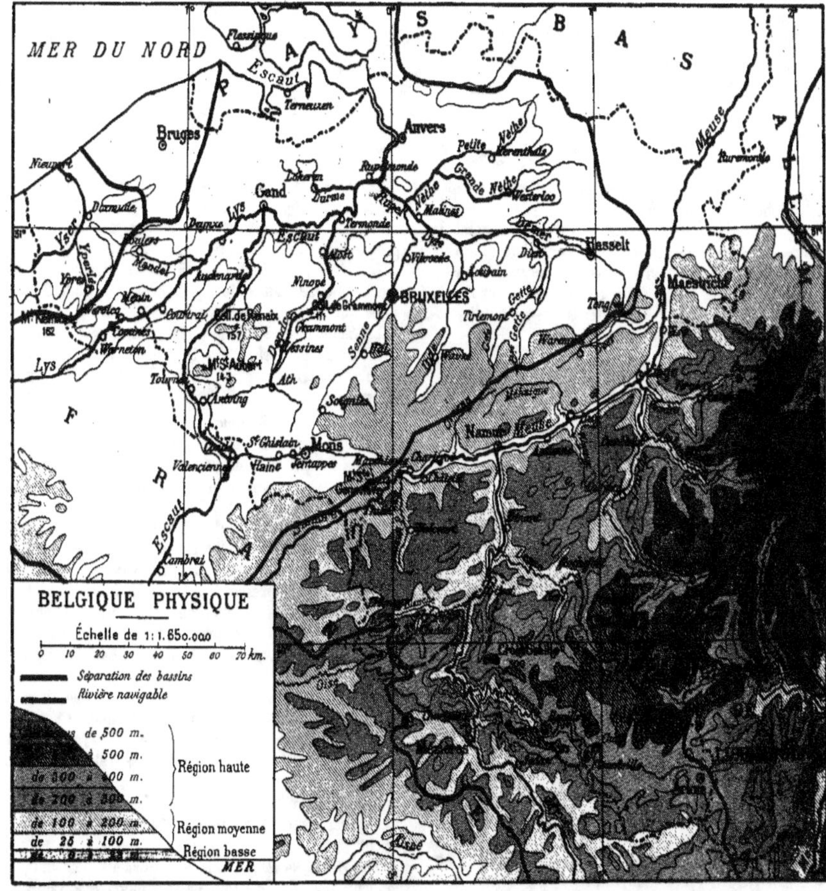

Exercice d'observation. — 1. *Que représente le vert foncé sur cette carte ?... le vert clair et l'orangé pâle ? — ...l'orangé foncé, le rouge et le violet ? — 2. Lisez sur la carte le nom des collines, des monts et des points les plus élevés de la Belgique. — 3. Nommez les trois fleuves qui recueillent presque toutes les eaux de la Belgique. — 4. Quels sont les affluents de l'Yser ? ...de l'Escaut ? — ...de la Meuse ? — 5. Quelles sont les villes arrosées par l'Yser ? — ...par l'Yperlée ? — ...par l'Escaut ? — ...par la Lys ? — ...par la Dendre? — ...par la Senne ? — ...par la Dyle ? — ...par le Démer ? — ...par la Meuse ? — ...par la Sambre ? — ...par la Semois? — ...par la Lesse ? — ...par l'Ourthe? — ...par la Vesdre ?*

Texte. — **1. Relief général.** — Le sol de la Belgique s'élève lentement du N.-O. au S.-E. Il présente trois divisions : la *Basse Belgique*, la *Moyenne Belgique* et la *Haute Belgique.*

2. La Basse Belgique s'étend de la frontière hollandaise à une ligne passant par Ypres, Alost, Louvain et Maestricht. C'est une plaine unie dont l'altitude, sauf en quelques points, ne dépasse pas 25 mètres ; certains endroits même sont inférieurs au niveau de la mer. (*Voir page 59, 2e image.*)

Le sol, autrefois recouvert par les eaux de la mer, est formé de sable et d'argile. Fertilisé dans la Flandre, il est encore presque stérile en Campine, sauf au S.-O.

3. La Moyenne Belgique s'étend de la ligne Ypres-Maestricht, au sillon Sambre-Meuse. C'est une région de plaines vallonnées qui s'élèvent graduellement, sans dépasser 200 mètres, pour former la transition entre la Basse et la Haute Belgique. (*Voir page 59, 3e image.*) C'est là que s'élèvent les *Monts Kemmel, Saint-Aubert* et *Sainte-Geneviève ;* les *Collines de Renaix* avec le *Mont de l'Enclus* et les *Collines de Grammont.*

Le sol, très fertile, de ces plaines limoneuses, est formé d'un mélange de sable, d'argile et de calcaire.

4. La Haute Belgique, située au S.-E. du sillon Sambre-Meuse, s'élève jusqu'à la crête de l'Ardenne pour s'abaisser ensuite insensiblement. C'est un plateau coupé de vallées profondes et sinueuses (*Voir page 59, 4e image*), et bossué de hauteurs : la *Croix-Scaille,* le *Massif de Saint-Hubert,* les *Tailles,* les *Hautes-Fagnes* avec la *Baraque-Michel* et le *Signal de Botrange* (700 m.), le point culminant de la Belgique.

Cette région est froide et humide ; son sol est peu fertile, surtout dans l'Ardenne.

En résumé, une ligne suivant la crête de l'Ardenne divise la Belgique en deux plans inclinés : le plan N.-O. comprenant les 6/7 du territoire et le plan S.-E., le reste.

5. Mer et littoral. — La *Mer du Nord* baigne la Bel-

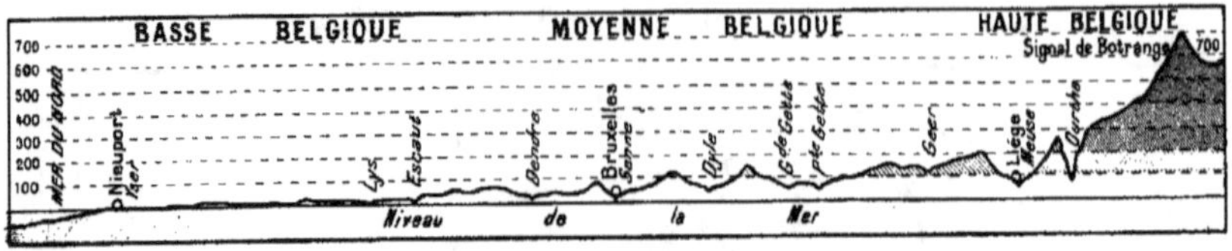

Relief de la Belgique d'Ostende au Signal de Botrange.

gique sur 67 km. seulement, de la frontière française à la frontière hollandaise.

La *côte* est presque droite, elle est basse comme la plaine de Flandre qu'elle termine, bordée de dunes de 15 à 50 mètres de hauteur et sans abris naturels pour les vaisseaux. On y a creusé des ports artificiels dont l'accès est rendu difficile aux navires par la présence de hauts-fonds ou bancs de sable.

6. Climat. — La Belgique jouit d'un *climat tempéré.* Elle le doit à sa situation dans la zone tempérée et à la disposition de son relief incliné vers la Manche et la Mer du Nord, d'où lui viennent les vents dominants.

La *température* y est modérée, en hiver comme en été.

Les *vents*, tièdes et humides, soufflent du S.-O. en hiver et du N.-O. en été ; ils amènent des *pluies* fréquentes et fines tombant en tout temps, surtout en hiver.

Cependant la température diminue et les pluies augmentent à mesure qu'on s'éloigne de la mer et que l'on monte vers la Haute Belgique.

7. Bassins fluviaux. — Le sol de la Belgique appartient à cinq bassins fluviaux, ceux de l'Yser, de l'Escaut, de la Meuse et du Rhin qui envoient leurs eaux à la Mer du Nord. Seul le bassin de la Seine, représenté par l'Oise naissante, envoie ses eaux à la Manche.

L'Yser, l'Escaut et leurs affluents, sont des rivières de plaine à pente faible, au cours lent et régulier à cause de l'infiltration des eaux.

Les affluents de la Meuse et du Rhin sont des rivières de montagne à pente forte, au cours rapide et irrégulier à cause du ruissellement des eaux.

8. L'Yser vient de France ; il est navigable depuis la frontière et baigne Dixmude et Nieuport. Il reçoit l'*Yper-lée*, la rivière d'Ypres. Son cours est de 78 km., dont 50 en Belgique.

9. Escaut. — *I. Son cours.* — L'Escaut prend sa source en France, à 90 mètres d'altitude. Il traverse les riches plaines de la Flandre française par Cambrai, où il devient navigable, Valenciennes et Condé. Il parcourt lentement la Basse Belgique en passant par Antoing, Tournai (*Voir page 49, 2ᵉ image*), Audenarde et Gand, où il rencontre le flot salé de la marée. Il continue par Termonde, Rupelmonde, et Anvers où il forme notre grand port national. En Hollande, il baigne Terneuzen et Flessingue et se jette dans la Mer du Nord. Son cours total est de 430 km., dont 207 en Belgique. L'Escaut et ses affluents ont l'aspect de véritables canaux, tant ils sont lents et réguliers.

II. Ses affluents de gauche. — La **Lys** vient de France où elle est déjà navigable, passe à Warneton, Comines, Wervicq, Menin, Courtrai, Deynze et finit à Gand ; elle est grossie de la *Mandel* qui baigne Roulers.

La **Durme** est navigable depuis Lokeren.

III. Ses affluents de droite. — La **Haine**, à pente très forte, passe à Jemappes, Saint-Ghislain et finit à Condé.

La **Dendre**, navigable depuis Ath, baigne Lessines, Grammont, Ninove, Alost et Termonde.

Le **Rupel** est très court, mais large et profond ; il est formé par la *Dyle* et la *Nèthe*.

La **Dyle** passe à Wavre, Louvain et Malines ; elle est grossie du Démer qui la rend navigable, et de la Senne.

Le *Démer* passe à Hasselt, devient navigable à Diest, reçoit la *Gette* formée de la *Petite Gette* et de la *Grande Gette* qui baigne Tirlemont.

La *Senne* baigne Soignies, Hal, Bruxelles et Vilvorde.

La *Nèthe* est formée par la *Grande Nèthe*, navigable depuis Westerloo, et par la *Petite Nèthe*, navigable depuis Hérenthals.

10. Meuse. — *I. Son cours.* — La **Meuse** prend sa source en France, à 400 mètres d'altitude. Elle traverse le Plateau de l'Ardenne dans une vallée sinueuse, étroite et profonde, où elle arrose Sedan, Mézières, Charleville et Givet en France ; Dinant, Namur, Andenne, Huy (*Voir page 68, 3ᵉ image*), Liége et Visé en Belgique. Elle parcourt ensuite la plaine hollandaise par Maestricht et Ruremonde et finit à la Mer du Nord par plusieurs bouches qui se réunissent à celles de l'Escaut et du Rhin. Son cours total est de 900 km., dont 192 en Belgique.

II. Ses affluents de gauche. — Le **Viroin** est formé de l'*Eau-Noire* qui baigne Couvin et de l'*Eau-Blanche* qui passe à Chimay.

La **Sambre** commence en France, où elle devient navigable, passe à Thuin, Marchienne, Charleroi, Châtelet et finit à Namur (*voir page 55, 2ᵉ image*) ; elle se grossit de l'*Eau-d'Heure* qui baigne Walcourt et finit à Marchienne.

La **Méhaigne** finit en amont de Huy.

Le **Geer** passe à Waremme, à Tongres, et finit à Maestricht.

III. Ses affluents de droite. — La **Semois**, au cours très sinueux, naît près d'Arlon, passe à Florenville, Chiny et Bouillon. (*Voir page 68, 5ᵉ image.*)

La **Lesse** descend de l'Ardenne, traverse la belle grotte de Han (*Voir page 68, 1ʳᵉ image*) et reçoit la *Lhomme* qui baigne Rochefort.

Le **Hoyoux** finit à Huy.

L'**Ourthe** passe à Houffalize, Laroche (*Voir page 68, 4ᵉ image*), Durbuy, où elle devient navigable, Comblain, et finit à Liége ; elle reçoit l'*Amblève* qui, à Coo, forme une cascade de 12 mètres de hauteur, et se grossit de la *Warche*, qui arrose Malmédy. (*V. p. 68, 6ᵉ im.*) L'Ourthe reçoit encore la *Vesdre* qui passe à Eupen et à Verviers.

Questionnaire. — **1.** Combien de divisions présente le relief du sol de la Belgique ? — **2.** Parlez des limites, de l'aspect et du sol de la Basse Belgique. — **3.** ... de la Moyenne Belgique. — **4.** ...de la Haute Belgique.— Comment la Belgique est-elle divisée par une ligne suivant la crête de l'Ardenne ? — **5.** Quelle est la Mer qui baigne la Belgique ? — Décrivez la côte. — **6.** Que savez-vous du climat de la Belgique ? — **7.** Quels sont les bassins fluviaux qui se partagent le sol de la Belgique ? — Caractérisez ses rivières de plaines. —...ses rivières de montagnes. — **8.** Parlez de l'Yser. — **9.** Que savez-vous du cours de l'Escaut ? — ...des villes qu'il arrose ? — ...de son aspect ? — ...de ses affluents de gauche ? — ...de droite ? — **10.** Décrivez le cours de la Meuse. — Nommez les villes qu'elle arrose. — ...les affluents qu'elle reçoit à gauche — ...à droite.

Devoir écrit. — 1. *Exercice 14 du Cahier de Croquis.* — 2. *En allant de la source à l'embouchure, nommez les villes arrosées et les affluents reçus par l'Escaut.* — *...par la Meuse.*

26e Leçon. — LES ZONES AGRICOLES ET LES RÉGIONS NATURELLES DE LA BELGIQUE

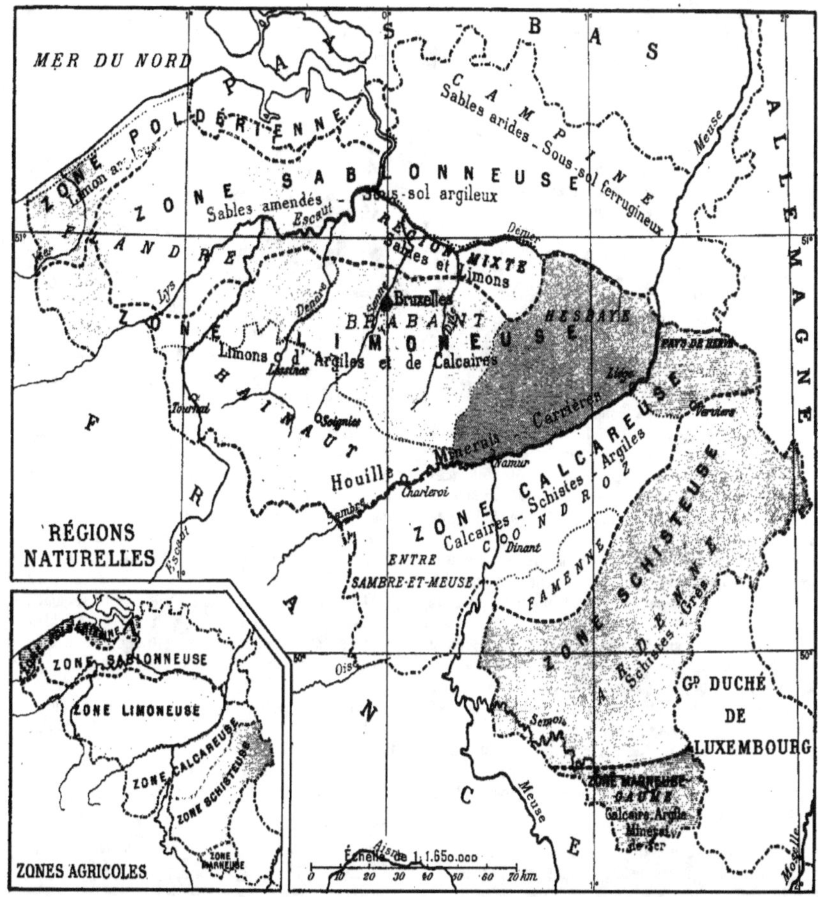

Exercice d'observation. — 1. *Que représente la petite carte ?* — 2. *Lisez le nom de ces zones agricoles du N.-O. au S.-E.* — 3. *Retrouvez ces mêmes noms sur la grande carte.* — 4. *Nommez les régions naturelles, du N.-O. au S.-E.* — 5. *On a indiqué en rouge la nature du sol et les richesses du sous-sol ; lisez ces noms sur la carte.*

Texte. — **1. Zones agricoles.** — La nature du sol partage la Belgique en **six zones agricoles** : les *zones poldérienne* et *sablonneuse*, correspondant à la Basse Belgique ; la *zone limoneuse*, à la Moyenne Belgique ; les *zones calcareuse, schisteuse* et *marneuse*, à la Haute Belgique.

2. Régions naturelles. — Les zones agricoles se divisent elles-mêmes en **régions naturelles**.

1o *La zone poldérienne* est protégée par les dunes. Son sol, formé de limons argileux d'origine marine ou fluviale, est très fertile. Elle constitue la **Flandre maritime.**

2o *La zone sablonneuse* s'étend sur une grande partie de la **Flandre** dont les sables amendés, qui reposent sur un sous-sol argileux, sont très fertiles ; sur la **Campine,** formée de sables stériles et dont le sous-sol est souvent ferrugineux ; sur la **Région mixte** dont le sol, de sables et de limons, forme la transition entre la zone sablonneuse et la zone limoneuse.

3o *La zone limoneuse,* formée de limons, d'argiles et de calcaire, est très fertile. Elle comprend la **Hesbaye,** le **Brabant,** le **Hainaut** avec le **Tournaisis,** et la **Flandre méridionale.** Le sud de cette zone est très riche en houille, minerais et carrières.

4o *La zone calcareuse,* au sol calcaire mêlé de schistes et d'argiles, est de fertilité moyenne. Elle comprend le **Pays de Herve** et le **Condroz.**

5o *La zone schisteuse,* c'est l'**Ardenne,** au sol de schistes et de grès, froide et peu fertile.

6o *La zone marneuse* correspond à la **Gaume.** Son sol, mélange de calcaire et d'argile, est fertile et riche en minerai de fer.

Questionnaire. — 1. En combien de zones agricoles se divise le sol de la Belgique ? — Nommez ces zones. — 2. Comment se divisent les zones agricoles ? — Indiquez la nature du terrain et les régions : 1o de la zone poldérienne. — 2o de la zone sablonneuse. — 3o de la zone limoneuse. — 4o de la zone calcareuse. — 5o de la zone schisteuse. — 6o de la zone marneuse.

Devoir écrit. — 1. *Exercice 15 du Cahier de Croquis.* — *Nommez les régions les plus fertiles de la Belgique et indiquez la cause de leur fertilité.*

27e Leçon. — LE HAINAUT

Texte. — **1. Situation, aspect et climat.** — Le **Hainaut** est compris entre l'Escaut et la Sambre, mais il les déborde un peu. Il fait partie de la Moyenne Belgique.

C'est une région de *plaines ondulées*, séparées par de larges vallées peu profondes, et accidentées de quelques collines : au N.-O. le *Mont Saint-Aubert* (148 m.) et au S.-E. le *Mont Sainte-Geneviève* (212 m.).

Le climat se ressent des influences maritimes ; il est doux et humide ; les écarts de température, entre l'été et l'hiver, sont faibles ; les pluies donnent 75 cm. d'eau par an.

2. Vie économique. — Le **Hainaut** appartient à la zone limoneuse. Son sol est très fertile. C'est une région de grandes fermes, outillées de machines agricoles et de vigoureux attelages, où les cultures de *froment*, d'*orge*, d'*avoine* et de *betteraves sucrières* donnent d'abondantes récoltes. La *chicorée* se cultive surtout le long de la Dendre, et le *tabac* le long de la Haine.

La moitié nord du Hainaut est presque entièrement agricole ; ses industries le sont également ; les *sucreries*, les *brasseries* et les *usines à chicorée* traitent les produits locaux.

La moitié sud est surtout industrielle. Elle comprend : le **Borinage** où domine l'extraction de la *houille* ; le **Centre** qui joint la grosse *métallurgie* aux *charbonnages* ; le **Pays de Charleroi** qui réunit les trois grandes industries : *charbonnages, métallurgie et verreries*.

Les *carrières* de pierre de taille, de pierre à chaux et de pierre à ciment abondent dans le **Tournaisis**. Le travail de la *céramique* est développé sur les bords de la Sambre et de la Haine.

3. Population et villes. — La partie agricole de la région du Hainaut a plus de 300 hab. au km², et la partie industrielle plus de 900.

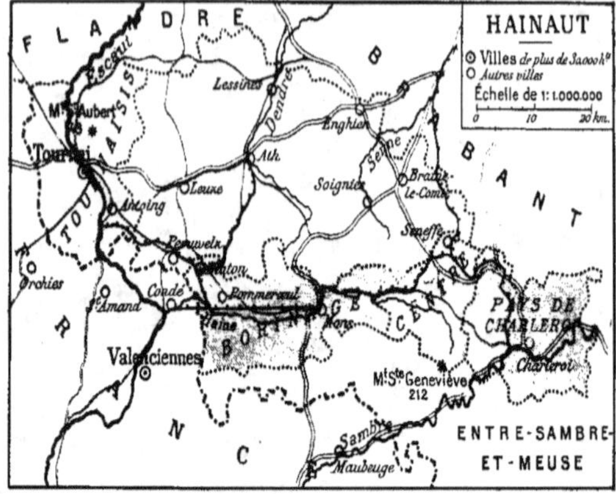

Tournai (37) *(1)* est une ville très ancienne qui garde du passé une superbe cathédrale à cinq clochers et un joli beffroi ; elle travaille la laine et le lin et fabrique de la chaux et du ciment tout le long de l'Escaut jusqu'en amont d'Antoing (4).

Leuze (6) a des fabriques de bonneterie, ainsi que **Peruwelz** (8), célèbre par son pèlerinage à *Notre-Dame de Bon-Secours*.

Ath (11) est connu pour ses meubles et ses filatures ; **Lessines** (10), pour ses carrières de pavés ; **Enghien** (5), pour ses toiles ; **Braine-le-Comte** (10), pour ses ateliers de construction ; **Soignies** (11), pour ses importantes carrières de petit granit.

Mons (28) possède une superbe église ogivale et un joli beffroi ; elle fait un grand commerce de charbon et de sucre.

Charleroi (28) est un grand centre métallurgique et verrier et un important marché de fer.

(1) Dans l'étude des régions de la Belgique, les chiffres entre parenthèses indiquent la population en milliers d'habitants.

1. — Une mine de houille (figure théorique) avec puits et galeries d'extraction. Aspect d'une région houillère.

2. — L'Escaut à Tournai avec le vieux Pont des Trous et la silhouette des cinq clochers de la cathédrale.

28e Leçon. — LA FLANDRE

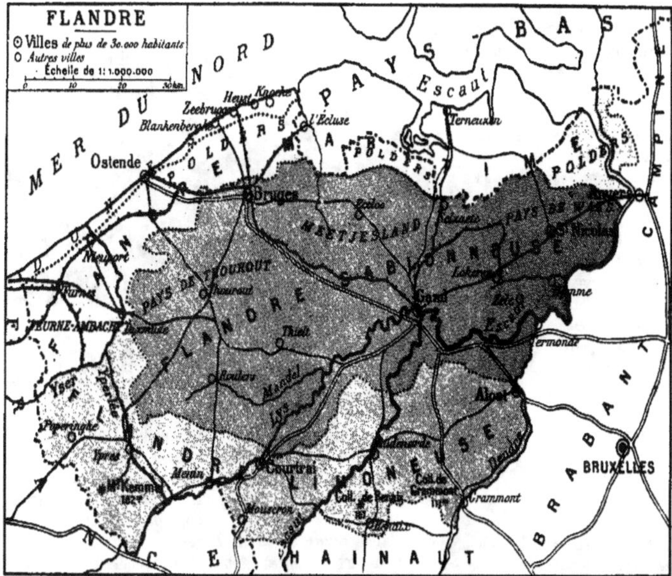

Exercice d'observation.

Exercice d'observation. — *1. Lisez sur la carte le nom des 4 régions de la Flandre. — 2. Quels sont les cours d'eau qui traversent ou qui limitent la Flandre ? — 3. Nommez les villes situées sur la Mer. — ...sur l'Yser. — ...sur l'Yperlée. — ...sur la Lys. — sur l'Escaut. — ...sur la Dendre. — ...sur le canal de Gand à Ostende. — . 4. Quelles sont les voies de communication indiquées sur la carte ?*

Texte. — 1. Aspect, climat et divisions. — La Flandre occupe, au N.-O. de la Belgique, une *plaine basse*, parfois même inférieure au niveau de la mer. Elle se relève un peu au Sud pour aboutir au Mont Kemmel (162 m.) et aux collines de Renaix (157 m.) et de Grammont (111 m.).

Son **climat** est doux, humide et souvent brumeux à cause du voisinage de la mer. Les pluies, apportées par les vents d'Ouest, donnent une moyenne annuelle de 80 cm. sur la côte et de 75 cm. à l'Est.

La Flandre comprend quatre groupes régionaux : les *Dunes*, la *Flandre maritime*, la *Flandre sablonneuse* et la *Flandre limoneuse*.

DUNES LITTORALES

2. Aspect et vie économique. — Les dunes sont des collines de sable fin et mouvant que l'on fixe en y plantant des oyats et des argousiers. Elles forment des digues naturelles qui protègent la plaine intérieure contre l'envahissement des eaux. Leur largeur varie de 50 à 2.000 mètres et leur hauteur, de 15 à 50 mètres.

Le *seigle*, les *pommes de terre hâtives* et les *légumes* qu'on y cultive ne donnent que de maigres récoltes. La *pêche* et les *industries hôtelières* sont les principales ressources des habitants.

La côte est basse, droite et sans abris naturels ; mais ses *plages* et ses centres de *villégiature* sont très fréquentés.

3. Population et villes. — La population, dont la densité approche de 100 hab. au km², se compose surtout de pêcheurs, et de journaliers agricoles qui vont travailler dans les polders.

Ostende (46), la reine des plages, est un port de commerce en relations journalières avec l'Angleterre, et un important centre de pêche. (*Voir* 1re *image.*)

Blankenberghe (6), **Heyst (5)**, **Knocke** et **Nieuport (3)** sont des ports de pêche et des centres de villégiature.

FLANDRE MARITIME

4. Divisions, aspect et vie économique. — Dans la plaine maritime de la Flandre on distingue le *Veurne-Ambacht*, et les *Polders*.

Le *Veurne - Ambacht*, compris entre la frontière française et l'Yser, est la contrée la plus basse et la plus humide du pays ; aussi offre-t-elle de beaux herbages où paissent des vaches qui donnent le *beurre* si réputé de *Dixmude* dont une bonne partie est exportée en France et en Angleterre.

Les Polders s'étendent parallèlement à la côte sur une largeur de 10 à 12 km, de l'Yser à Anvers. Ils sont composés de sable, d'argile, de calcaire et de matières organiques. Ces terres très fertiles, dont la trop grande humidité est combattue par des associations, dites *waterin-gues*, produisent du *froment*, de l'orge, de la *chicorée* et des *betteraves sucrières*.

Comme on trouve de l'eau partout, les *habitations rurales* se disséminent le long des voies de communication.

5. Population et villes. — La population, presque uniquement agricole, dépasse 100 h. au km² ; elle vit dans l'aisance des produits de l'agriculture et de l'élevage.

Furnes (8) possède un bel Hôtel de Ville et un Beffroi remarquable ; c'est un marché agricole. (*Voir* 2e *image.*)

Dixmude (4) fabrique du beurre renommé et des tuyaux de drainage.

Selzaete (7), port sur le canal de Gand à Terneuzen, a des tourbières et fabrique du sucre.

FLANDRE SABLONNEUSE

6. Situation et vie économique. — La Flandre sablonneuse fait suite à la Plaine maritime et s'étend jusqu'à une ligne allant de Dixmude à Courtrai et à Alost. Elle est composée d'un sous-sol argileux recouvert de *sables amendés* par des labours profonds et des engrais. Grâce au grand nombre de bras et à la division de la propriété, la culture se fait surtout à la bêche ; elle produit des *plantes vivrières* (seigle et pommes de terre), des *plantes fourragères* (trèfle et navets) et des *plantes industrielles* (lin, chanvre, colza, houblon et tabac). L'*élevage* du bétail, des porcs, des lapins et de la volaille est très important.

Dans la Flandre sablonneuse on distingue : le *Pays*

de Thourout, le *Meetjesland* ou *Pays d'Eecloo* et le *Pays de Waes* surnommé le *Jardin de la Belgique*.

7. Population et villes. — La population de la Flandre sablonneuse est surtout agricole. Elle compte 350 h. au km². La plus grande partie vit disséminée dans des fermes isolées ou dans des villages qui alignent leurs maisons le long des routes.

Gand (167) possède de beaux monuments anciens : Cathédrale Saint-Bavon, Hôtel de Ville et Beffroi, Château des Comtes ; elle travaille le lin, mais surtout le coton, ce qui la fait appeler le *Manchester belge ;* c'est une des premières villes du monde pour les cultures florales. (*Voir* 2ᵉ *image*.)

Bruges (54), très florissante au moyen âge, conserve de beaux monuments de cette époque : Église Notre-Dame et Chapelle du Saint-Sang, Halles et Beffroi. (*Voir,* 2ᵉ *image.*) Les canaux qui l'unissent à *Ostende*, à *Zeebrugge* et à *l'Ecluse* ont été creusés pour lui rendre une partie de son ancienne prospérité.

Saint-Nicolas (34), marché agricole du Pays de Waes, possède, avec **Lokeren** (22), **Eecloo** (13), **Thielt** (12) et **Thourout** (11), des industries textiles.

Termonde (10), **Hamme** (14) et **Zele** (14) ont des huileries et des corderies.

Roulers (22) fabrique de la toile fine et du linge damassé.

FLANDRE LIMONEUSE

8. Situation et vie économique. — La **Flandre limoneuse** est située au sud de la Flandre sablonneuse et appartient à la Moyenne Belgique. Elle est très fertile en *céréales :* froment et orge ; en *houblon*, que l'on cultive surtout aux environs de Poperinghe et entre Alost et Bruxelles ; en *chicorée*, le long de la Dendre, et en *lin* et *tabac*, dans la vallée de la Lys.

Comme dans la Flandre sablonneuse, la population de la Flandre limoneuse vit de la *culture*, des *industries alimentaires* qui transforment les produits du sol (brasseries, huileries, fabriques de chicorée), et des *industries textiles* qui, depuis le moyen âge, ont fait la fortune des Flandres.

9. La population est très dense ; elle dépasse 450 hab. au km². Pour se créer un surcroît de ressources, les habitants des Flandres vont en grand nombre, chaque année, faire les moissons en France ou dans les autres régions de la Belgique.

1. — **Ostende** est séparée de la mer par une énorme digue de maçonnerie de 3 km. de long sur 30 mètres de large et 10 mètres de hauteur que bordent de beaux hôtels et de riches villas. Remarquer au premier plan la digue naturelle formée par les dunes de sable qui longent la Flandre maritime et protègent la plaine intérieure de l'envahissement des eaux.

10. Villes. — **Courtrai** (35) travaille le lin et fabrique des toiles fines et du linge damassé.

Alost (35) est un grand marché de houblon.

Ypres, détruite, durant la Grande Guerre, se relève de ses ruines ; sa Halle aux Draps était une merveille d'architecture. (*Voir* 2ᵉ *image.*)

Mouscron (23) et **Menin** (17) travaillent le lin et le tabac.

Audenarde (6) possède un magnifique hôtel de ville.

Renaix (22) a des industries textiles, et **Grammont** des fabriques de tabac.

Questionnaire. — **1.** Quel est l'aspect de la Flandre ? — …son climat ? — Indiquez ses divisions. — **2.** Parlez de la région des Dunes. — …de ses productions. — …de la côte. — **3.** Que savez-vous de sa population ? — …d'Ostende ? — Nommez les autres villes de la côte. — **4.** Quelles sont les divisions de la Flandre maritime ? — Que savez-vous du Veurne-Ambacht ? — …des Polders ? …des habitations de la Flandre maritime ? — **5.** …de sa population ? — …de ses villes ? — **6.** Où est située la Flandre sablonneuse ? — De quoi est formé son sol ? — Quelles sont ses productions ? — Nommez trois de ses pays. — **7.** Que savez-vous de sa population ? — …de Gand ? — …de Bruges ? — …des autres villes. — **8.** Où est située la Flandre limoneuse ? — Que savez-vous de sa vie économique ? — **9.** …de sa population ? — **10.** …de ses villes ?

Devoir écrit. — 1. *Exercice 18 du Cahier de Croquis.* 2. *Nommez les productions agricoles particulières à chacune des régions de la Flandre.*

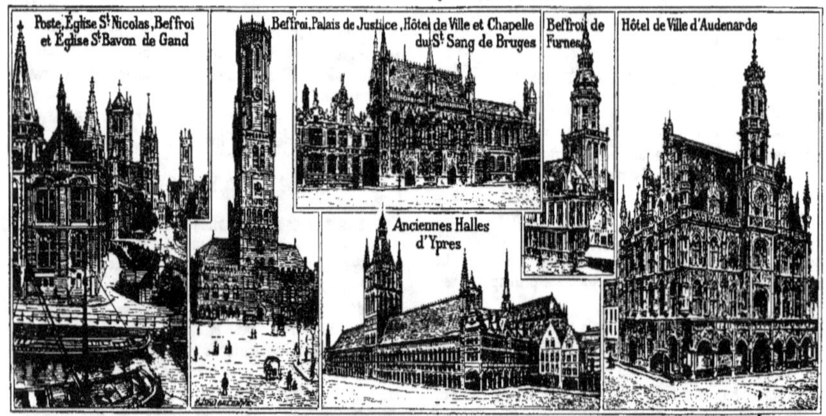

2. — **Quelques monuments de la Flandre.** — A l'époque des libertés communales et grâce à leurs industries drapières et à leur commerce, les cités flamandes avaient atteint une grande prospérité dont témoignent encore de beaux monuments religieux ou civils.

29e Leçon. — CAMPINE ET RÉGION MIXTE, BRABANT ET HESBAYE

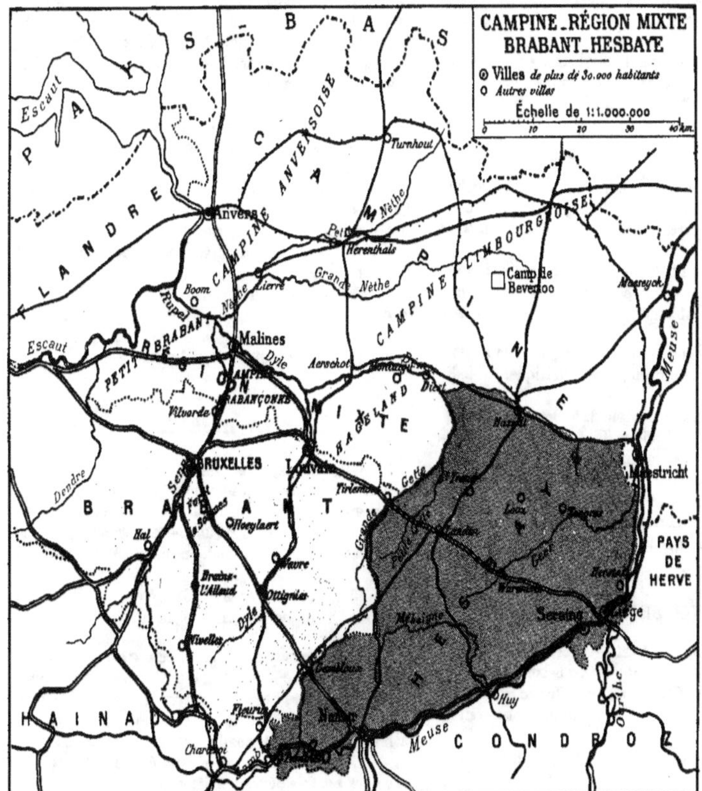

avec des sapins, des marais tourbeux et de maigres cultures de seigle et de pommes de terre. L'élevage des bêtes à cornes, le long des cours d'eau, est une source de revenus.

Les oseraies ont donné naissance à la vannerie. Les charbonnages de la Campine limbourgeoise commencent à être exploités. Le fer et le zinc le sont également. Le sable blanc sert pour la verrerie; l'argile plastique des bords du Rupel, pour la fabrication des briques, des tuiles et de la poterie.

3. Population et villes. — L'agglomération anversoise mise à part, la Campine compte 150 hab. au km²; ses centres urbains sont peu importants.

Anvers (325) est bâtie à 88 km. de la mer, sur la rive droite de l'Escaut, large de 500 mètres et assez profond pour que les plus gros navires puissent le remonter jusqu'à cet endroit. C'est le principal port de la Belgique et l'un des premiers du monde. Son développement a été favorisé par sa situation au débouché d'un immense arrière-pays agricole et industriel qui dépasse même les limites de la Belgique, et par l'établissement de notre puissance coloniale au Congo. La ville a des ateliers de constructions navales, des raffineries de sucre, et taille des diamants. Elle est dominée par la tour de l'Église Notre-Dame, de 123 mètres de hauteur. (*Voir page 63, 2e image.*)

Lierre (25) fabrique des instruments de musique; Boom (18), des briques, des tuiles et de la poterie; **Turnhout** (25), des tuiles; **Hérenthals** (10), des lainages.

Maeseyck (5) est un marché agricole et travaille les cuirs.

Le **Camp de Beverloo**, destiné aux manœuvres et à l'instruction des troupes, est établi au S.-O. des sources de la Grande Nèthe.

LA CAMPINE

Texte. — **1. Situation, aspect et climat.** — La Campine occupe le N.-E. de la Belgique, entre l'Escaut et la Meuse, jusqu'au Rupel, à la Dyle et au Démer.

Elle s'étend, dans la zone sablonneuse et en Basse Belgique, sur une plaine dont l'altitude, à l'Ouest, est inférieure au niveau de la mer, mais qui se relève insensiblement, vers l'Est, jusqu'à plus de 100 mètres. Des collines de sables mouvants, ou dunes terrestres, rompent la monotonie de la plaine.

Le climat, tempéré sur les bords de l'Escaut, est presque excessif vers l'Est, à cause de l'éloignement de la mer. C'est une des parties les moins pluvieuses de la Belgique (70 cm de pluie par an).

Cette région comprend : la Campine anversoise à l'Ouest, et la Campine limbourgeoise à l'Est.

2. Vie économique. — A part les polders des rives du Bas-Escaut et du Rupel, et la bande d'alluvions qui longe la Meuse et où dominent les prairies et les oseraies, la Campine se compose d'une couche de sable déposé autrefois par les eaux de la mer. Les bruyères y alternent

LA RÉGION MIXTE

4. Situation et divisions. — La Région mixte est située au sud de la Campine anversoise, entre la Dendre et la Gette. Elle appartient à la Basse Belgique et forme la transition entre les terrains sablonneux et les terrains limoneux. Le Petit Brabant, la Campine brabançonne et le Hageland se partagent cette région.

5. Vie économique. — Le **Petit Brabant** occupe l'Ouest de la Région mixte. Il est très fertile et presque uniquement agricole. Les cultures maraîchères des environs de Malines sont particulièrement importantes. Il y a des briqueteries et des tuileries le long de l'Escaut et du Rupel.

La **Campine brabançonne** est au centre de la Région mixte. Le travail intelligent de la population l'a transformée en une terre très fertile où l'on cultive surtout les légumes.

Le **Hageland** occupe l'Est de la Région mixte. Il a de belles pépinières et des champs de seigle et de pommes de terre ; ses parties sablonneuses sont plantées de sapins.

6. Population et villes. — La population de la Région mixte s'approche de la moyenne de la Belgique, 251 hab. au km².

Malines (60), siège métropolitain de la Belgique, possède une belle cathédrale et fabrique du matériel des chemins de fer, des meubles et des tapis. (*Voir page 68, 1ʳᵉ image*).

Vilvorde (18) a des pépinières ; **Diest** (8), des brasseries. **Aerschot** (8) fait le commerce du bois.

Montaigu (4) est célèbre par son pèlerinage à Notre-Dame, un des plus fréquentés de la Belgique.

LE BRABANT

7. Situation, aspect et climat. — Le Brabant occupe le centre de la Moyenne Belgique et de la zone limoneuse, entre la Dendre et la Grande Gette. Il forme un plateau ondulé de collines et coupé de vallées largement ouvertes, mais peu profondes.

Son climat est moyen. Les pluies donnent 73 cm. d'eau par an.

8. Vie économique. — Le sol limoneux de cette riche région est très fertile. Il convient aux grandes cultures de céréales, de betteraves sucrières et fourragères. Le houblon est cultivé à l'Ouest de la capitale ; la vigne sous verre, à Hoeylaert, à l'Est de la Forêt de Soignes. L'élevage du cheval brabançon et du bétail est très développé.

Les *industries alimentaires* travaillent les produits locaux : minoteries, sucreries, brasseries, conserves de fruits.

Les *industries métallurgiques et chimiques* sont disséminées dans toute la région, tandis que les *industries textiles* en occupent la partie méridionale.

9. Population et villes. — Sans l'agglomération bruxelloise, la population brabançonne n'est pas loin de 300 hab. au km².

Bruxelles (160), la capitale du Royaume, est la résidence du roi, le siège du Parlement et le centre administratif de l'État. Ses principaux monuments sont : (*Voir page 8, le plan 4, et l'image de la page 57*) l'église Sainte-Gudule ; l'Hôtel de Ville et la Maison du Roi de la Grand'Place ; les Palais de Justice, du Roi et de la Nation ; le Parc et le Jardin botanique. Bruxelles est au croisement des grandes voies internationales. Son canal maritime en a fait un véritable port de mer.

La capitale est entourée de onze villes-faubourgs très peuplées qui portent l'agglomération bruxelloise à 850.000 hab. (*Voir page 8, la carte 5*) : Schaerbeek (110), Saint-Josse-ten-Noode (33), Etterbeek (38), Ixelles (90), Saint-Gilles (68), Uccle (33) (observatoire royal), Forest (32), Anderlecht (68), Molenbeek (75), Koekelberg (13) (basilique du Sacré-Cœur), Laeken (43) (résidence royale). L'activité de l'agglomération bruxelloise s'exerce dans les domaines les plus variés, dans les industries de luxe surtout : bijouterie et meubles d'art, confection et dentelles, instruments de musique et librairies, machines de tous genres.

Louvain (43) est célèbre par son Hôtel de Ville et son Université catholique ; elle a des minoteries, des brasseries et des fonderies de cloches.

Wavre (8) a d'importants marchés aux bestiaux et des papeteries.

Nivelles (13) fabrique du matériel des chemins de fer et du papier.

Hal (15) est connu par son pèlerinage à Notre-Dame. **Braine l'Alleud** (10) travaille le coton.

LA HESBAYE

10. Situation, aspect et climat. — La Hesbaye occupe la partie orientale de la Moyenne Belgique et de la zone limoneuse, entre le Démer, la Grande Gette, l'Orneau, la Sambre et la Meuse. C'est un plateau légèrement ondulé qui s'élève du Nord au Sud, jusqu'à 200 mètres d'altitude.

Le climat est moyen avec des étés très chauds. Il y tombe 75 cm. de pluie annuellement.

11. Vie économique. — Le sol de cette région est une épaisse couche de limon dit hesbayen, composé de sable argileux et de calcaire ; il est très fertile ; on y cultive beaucoup de froment et de betteraves sucrières ; les arbres fruitiers sont nombreux autour de Saint-Trond et de Looz ; l'élevage des chevaux de trait et des bêtes à cornes est très développé dans cette région.

Les *industries alimentaires* sont surtout représentées par de nombreuses sucreries et par des siroperies dans la région fruitière. La Vallée de la Meuse est un des principaux centres industriels de la Belgique, les *charbonnages* y sont nombreux et la *grande industrie* y est très active.

12. Population et villes. — Sans l'agglomération liégeoise la population de cette région dépasse 200 hab. au km².

Liége (167) forme avec sa banlieue l'un des plus grands centres industriels du pays : les charbonnages, la métallurgie et l'industrie du verre ont groupé plus de 500.000 h. La ville a de très beaux monuments.

Seraing (37) possède les fameuses usines métallurgiques de Cockerill et la cristallerie du Val-Saint-Lambert. (*Voir page 61, 3ᵉ image.*)

Herstal (23) fabrique des armes de guerre, des cycles et des automobiles..

Tongres (11) et **Hasselt** (19) font le commerce de bestiaux.

Tirlemont (19) a des sucreries ; **Saint-Trond** (16), des siroperies.

Questionnaire. — **1.** Que savez-vous de la situation, de l'aspect et du climat de la Campine ? — **2.** ...de sa vie économique ? — **3.** ...de sa population et de ses villes ? — **4 à 12.** Même genre de questions pour la Région mixte, le Brabant et la Hesbaye.

Devoir écrit. — 1. *Exercice 19 du Cahier de Croquis.* — 2. *Quelles sont les productions agricoles de la Campine et de la Hesbaye ?*

30e Leçon. — LE PAYS DE HERVE ET LE CONDROZ, L'ARDENNE ET LA GAUME

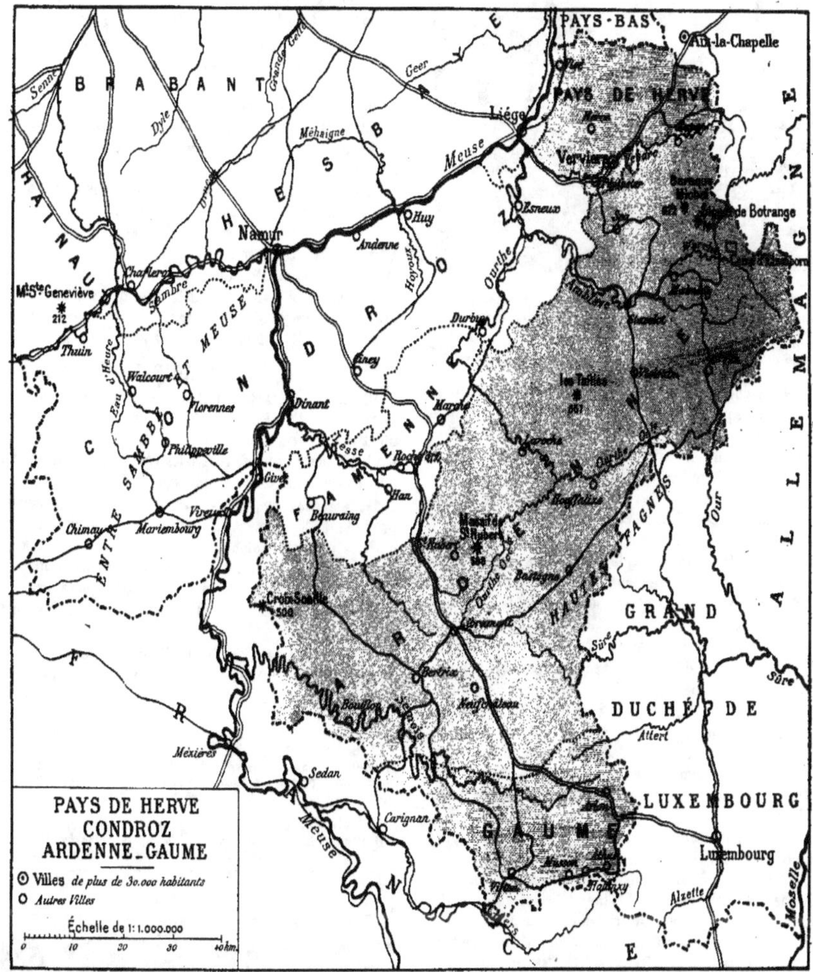

Exercice d'observation. — 1. *Nommez les régions représentées sur cette carte.* — 2. *Indiquez les cours d'eau et les villes qu'ils arrosent dans le pays de Herve.* — 3. *...dans le Condroz.* — 4. *...dans l'Ardenne.* — 5. *...dans la Gaume.* — 6. *Quelles sont les voies de communication indiquées sur la carte ?*

LE PAYS DE HERVE

Texte. — **1. Situation, aspect et climat.** — Le Pays de Herve est situé entre la Meuse et la Vesdre. C'est un plateau ondulé, au climat tempéré et pluvieux.

2. Vie économique. — Le sol convient aux vergers qui couvrent les 3/4 du pays, et aux herbages qui nourrissent de nombreuses vaches laitières. On extrait de la houille au S.-O. et du minerai de zinc à l'Est, dans l'ancien Moresnet devenu la commune de la Calamine. Ce territoire renferme une montagne de calamine (minerai de zinc) qui a donné son nom au chef-lieu et à l'ancienne Société qui l'exploite, la *Vieille-Montagne*.

3. Population et villes. — La population fort disséminée, est surtout agricole, elle égale la moyenne de la Belgique, 251 h. au km².

Verviers (44) est connue dans le monde entier par son industrie lainière que favorisent les eaux de la Vesdre.

Eupen (15), sur la Vesdre, travaille le fer, le cuir et la laine ; Herve (4), le cuir ; Visé (4) a des carrières et des fours à chaux.

LE CONDROZ

4. Situation, aspect, climat et divisions. — Le Condroz est situé au S. de la Sambre et de la Meuse. Il appartient à la Haute Belgique et à la zone calcareuse. C'est un plateau incliné au N.-E. et divisé en deux parties par le profond sillon de la Meuse. Son climat est modéré et humide. Cette région se compose du *Condroz* proprement dit, au Nord-Est, de la *Famenne* au S.-E., et de l'*Entre-Sambre-et-Meuse* à l'Ouest.

1. — **Dinant** s'allonge entre la Meuse et le coteau abrupt qui la borde et que termine un rocher à pic surmonté d'une antique forteresse. La ville n'est plus célèbre par les ouvrages de cuivre connus sous le nom de *dinanderies*, mais par ses *couques*, sortes de gâteaux de pain d'épices. Les Allemands la mirent à feu et à sang en 1914.

5. Vie économique. — Le Condroz présente une alternance remarquable de collines gréseuses et de vallées calcaires ou schisteuses sensiblement parallèles au sillon de Sambre-et-Meuse. C'est une région médiocrement fertile. On y cultive des *céréales*, des *plantes racines* et des *plantes fourragères*.

L'élevage du *cheval* et des *bêtes à cornes* y est très développé. Les forêts couvrent le quart du pays. Les matériaux de construction et l'argile plastique abondent dans toute la région et sont exploités en bien des endroits.

Les **industries métallurgiques** sont développées le long de l'Eau-d'Heure, du Hoyoux et de l'Ourthe ; les **verreries**, aux environs de Namur.

6. Population et villes. — Cette région peu fertile a une population clairsemée. Le Condroz proprement dit compte 100 habitants au km² ; l'Entre-Sambre-et-Meuse, 80 ; la Famenne, la plus pauvre, 50.

Namur (32), ancienne citadelle, est un centre de commerce, de métallurgie et de verrerie. (*Voir 2e image.*)

Huy (15) a des fonderies et des papeteries. (*Voir p. 68, 3e image.*)

Dinant (8) travaille le marbre, la laine et le cuivre ; ses couques sont renommées. (*Voir 1re image.*)

Andenne (7) fabrique des poteries et du papier ; **Marche** (4), des dentelles ; **Ciney** (6), des limes et des faux ; **Thuin** (7) et **Durbuy** travaillent le cuir.

Philippeville (2) exploite ses carrières de marbre ; **Chimay** (4), ses bois. **Rochefort** (3) et **Han** ont des grottes célèbres. (*Voir p. 68, 3e image.*)

L'ARDENNE

7. Situation, aspect et climat. — L'Ardenne occupe presque tout le S.-E. de la Belgique. Son sol, de schiste et de grès décomposés, forme une suite de plateaux allongés et découpés par des vallées profondes et sinueuses livrant passage à de nombreuses rivières. C'est la plus haute région de la Belgique, où domine, au N.-E., le *Signal de Botrange* (700 m.) ; aussi a-t-elle des hivers relativement longs et rigoureux, des pluies et des neiges abondantes (130 cm. par an).

8. Vie économique. — L'Ardenne est une *région forestière* où dominent le sapin, le hêtre et le chêne. De vastes étendues sont couvertes de bruyères, de genêts et de fougères. Dans les parties améliorées, le sol convient aux pommes de terre, au seigle et à l'avoine. Il y a des *prairies* le long des cours d'eau, et on cultive le tabac dans la vallée de la Semois. L'élevage des chevaux, des bêtes à cornes et des porcs est très développé. Les **industries** se bornent au travail des produits de l'agriculture, de l'élevage et des forêts, et à l'exploitation des carrières d'ardoises et de la tourbe des Hautes-Fagnes.

9. Population et villes. — L'Ardenne est la moins peuplée des régions belges (40 h. au km²), car sa pauvreté cause l'émigration de bon nombre de ses habitants.

Spa (8) a des eaux minérales.

Malmédy (6) (*Voir p. 68, 6e image*), **Stavelot** (5), **Laroche** (2) (*Voir p. 68, 4e image*), **Neufchâteau** (2) et **Houffalize** ont des tanneries.

Bastogne (4) fait le commerce de jambons fumés et de bois ; **Vielsalm** (4), de pierres à aiguiser.

Saint-Hubert est connu par sa belle église ; **Elsenborn**, par son camp militaire.

Bouillon (8) possède un vieux château féodal, et fabrique de la ferronnerie et des ustensiles de ménage en aluminium. (*Voir p. 68, 5e image.*)

Saint-Vith (1) est un marché agricole.

LA GAUME

10. Situation, aspect et climat. — La Gaume ou *Lorraine belge* est située au S. de l'Ardenne. Son sol, légèrement incliné vers le S.-O., est creusé de larges dépressions. Protégée par l'Ardenne contre les vents du N., son climat est relativement doux et pluvieux.

11. Vie économique. — Les dépressions marneuses produisent du froment, du tabac et des fruits, tandis que les collines sablonneuses sont couvertes de forêts et de bruyères. Cette région possède de riches mines de fer qui ont donné naissance au bassin métallurgique d'Athus-Halanzy-Musson. On exploite aussi les bois et les carrières.

12. Population et villes. — La Gaume compte 100 hab. au km². **Arlon** (13), ville ancienne, fait le commerce de bois, de grains et de bestiaux. **Virton** (3) est un marché agricole.

Questionnaire. — 1. Que savez-vous de la situation, de l'aspect et du climat du pays de Herve ? — 2. ...de sa vie économique ? — 3. ...de sa population et de ses villes ? — 4 à 12. Même genre de questions pour le Condroz, l'Ardenne et la Gaume.

Devoir écrit. — 1. *Exercices 17 et 20 du Cahier de Croquis.* — 2. *Quelles sont les productions agricoles du Pays de Herve et du Condroz ?* — 3. *...les productions industrielles de l'Ardenne et de la Gaume ?*

2. — **Namur**, surnommée la *Belle* à cause de son aspect propre, riant et calme (car les industries sont reléguées dans les faubourgs), s'étale sur la rive gauche de la Sambre et de la Meuse au pied du promontoire escarpé qui domine le confluent des deux cours d'eau, et que couronne la citadelle, d'où la vue est prise. Les coteaux grisâtres qui bordent d'assez près la rive gauche de la Meuse forment ici le fond du tableau, tandis qu'à droite s'étend la plaine que le fleuve a formé de ses limons.

31e Leçon. — RACES, POPULATION ET ORGANISATION POLITIQUE

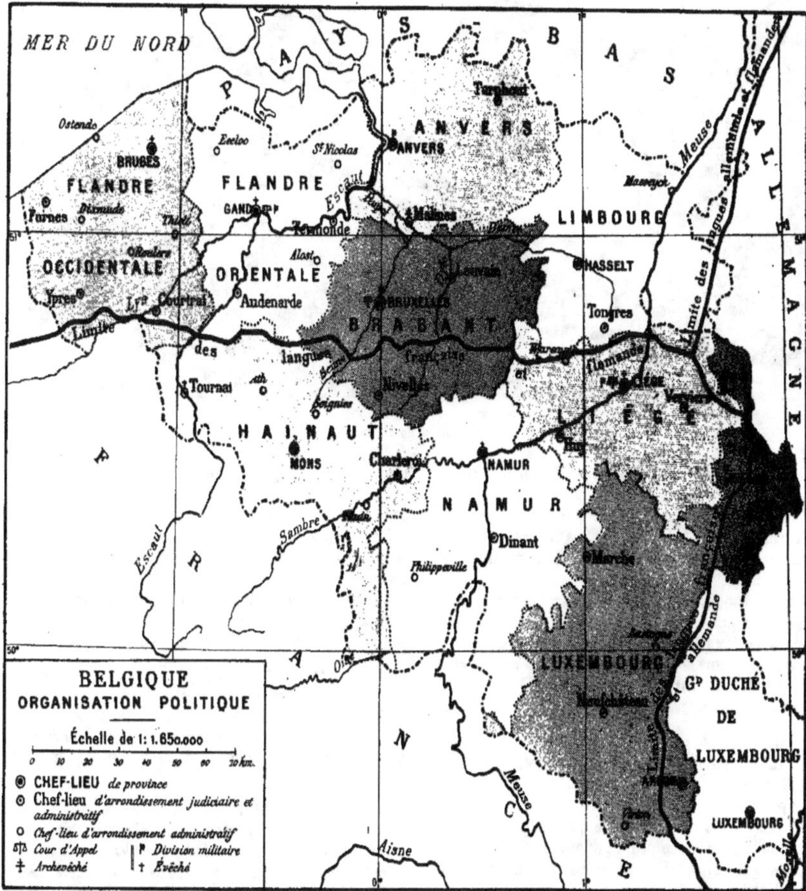

Exercice d'observation. — 1. *Quelles sont les provinces traversées ou longées par l'Escaut ? — ...par la Dyle ? — ...par la Meuse ? — ...par la Semois ?— 2. Quelles sont les provinces voisines du Brabant ? — ...celles qui ne touchent pas au Brabant ?*

Texte. — **1. Races et langues.** — La population belge se partage en deux groupes humains : au Nord, les **Flamands** à la taille élevée, aux cheveux blonds et aux yeux bleus ; au Sud, les **Wallons**, à la taille moyenne, aux cheveux foncés et aux yeux bruns.

Aux deux races correspondent deux langues : le flamand, dérivé du germain, au Nord d'une ligne passant à une dizaine de km. au Sud de Courtrai, Audenarde, Bruxelles, Louvain et Tongres ; le wallon ou français, dérivé du latin, au Sud de cette ligne ; l'allemand est parlé à l'Est, le long de la frontière.

2. Population et religion. — La population de la Belgique dépasse 7 millions et demi d'hab., soit 251 au km². La religion catholique est celle de la grande majorité des Belges ; cependant, l'État reconnaît aussi les cultes protestant-évangélique, anglican et israélite.

3. Le gouvernement de la Belgique est une *monarchie constitutionnelle et représentative*, sous un *chef héréditaire* qui est le Roi. Son siège est à Bruxelles. Il comprend trois pouvoirs distincts : le *pouvoir législatif*, le *pouvoir exécutif* et le *pouvoir judiciaire*.

Le pouvoir législatif est chargé de faire les lois, de les modifier ou de les abroger. Il est exercé collectivement par le *Roi*, la *Chambre des Représentants* et le *Sénat*.

Le pouvoir exécutif appartient au *Roi*. Il fait exécuter les lois avec l'aide des *Ministres* qu'il choisit. Le *Ministère* ou le *Cabinet*, c'est l'ensemble des Ministres ; le *Premier ministre* porte le nom de *Président du Conseil* ou *Président du Cabinet*. Le *Conseil des Ministres* se tient sous la présidence du chef d'État, et le *Conseil de Cabinet*, sous la présidence du *Premier Ministre*.

Le pouvoir judiciaire appartient aux *Cours* et aux *Tribunaux*, dont les magistrats sont nommés par le Roi.

4. Administration civile. — Pour l'administration civile, la Belgique est divisée en *provinces* ; les provinces, en *arrondissements administratifs*, et ceux-ci en *communes*. On compte neuf provinces : le Brabant, chef-lieu *Bruxelles* ; la Flandre occidentale, ch.-l. *Bruges* ; la Flandre orientale, ch.-l. *Gand* ; Anvers, ch.-l. *Anvers* ; le Hainaut, ch.-l. *Mons* ; Namur, ch.-l. *Namur* ; le Luxembourg,

Quelques palais du Gouvernement et de l'Administration de la Belgique.

ch.-l. *Arlon* ; Liége, ch.-l. *Liége* ; le Limbourg, ch.-l. *Hasselt.*

Chaque province est administrée par un *Gouverneur*, représentant du Roi, et par un *Conseil provincial* qui choisit parmi ses membres une députation permanente de six membres.

Chaque arrondissement est administré par un *Commissaire d'arrondissement*, nommé par le Roi, et subordonné au Gouverneur de la province.

Chaque commune est administrée par un *Bourgmestre*, nommé par le Roi ; par un *Conseil communal* élu, et par des *Echevins*, choisis, par le Conseil, parmi ses membres.

5. Administration judiciaire. — La Belgique est divisée en *cantons judiciaires*, en *arrondissements judiciaires* et en *provinces*.

Elle possède :

dans *chaque canton* : un **juge de paix** qui se prononce sur les affaires civiles de peu d'importance ;

dans *chaque arrondissement judiciaire* : un **tribunal de première instance** qui se prononce sur les appels de la justice de paix ;

trois **Cours d'appel**, pour reviser les jugements des tribunaux de première instance, qui sont établies à *Gand* pour les deux Flandres ; à *Bruxelles*, pour les provinces d'Anvers, de Brabant et de Hainaut ; à *Liége*, pour les provinces de Limbourg, de Liége, de Namur et de Luxembourg ;

au chef-lieu de *chaque province* (sauf Hasselt, remplacé par Tongres), une **Cour d'assises** qui siège tous les trimestres pour juger les crimes, les délits politiques et de presse, avec le concours d'un jury ;

à *Bruxelles*, la **Cour de cassation** qui est chargée de maintenir la jurisprudence dans le pays.

Il existe encore 14 **Tribunaux de commerce** pour les procès commerciaux, et des **Conseils de Prud'hommes** pour aplanir les différends entre patrons et ouvriers. Les membres de ces tribunaux sont élus par leurs pairs.

Quant à la justice militaire elle est rendue par les **Conseils de guerre et la Cour militaire.**

6. Organisation de l'enseignement. — En Belgique, l'enseignement comprend trois degrés : *l'enseignement primaire, moyen et supérieur.*

L'enseignement primaire est donné dans les écoles primaires, les écoles gardiennes, les écoles d'adultes et les écoles normales ; c'est dans ces dernières qu'on prépare le personnel enseignant.

L'enseignement moyen est donné dans les écoles moyennes, les athénées, les collèges, les pensionnats, les petits séminaires, etc...

L'enseignement supérieur est donné dans les universités de Louvain, de Liége, de Gand et de Bruxelles, ainsi que dans certaines écoles spéciales de hautes études.

7. Organisation religieuse. — Pour l'administration religieuse, notre pays compte six diocèses : *l'archevéché de Malines* dont le titulaire est primat de Belgique ; les cinq *évéchés de Bruges*, de *Gand*, de *Tournai*, de *Namur* et de *Liége*. Chaque diocèse se divise en doyennés et ceux-ci en paroisses.

8. Organisation militaire. — L'armée se recrute par le service personnel et obligatoire. Elle comprend cinq armes : *l'infanterie*, la *cavalerie*, *l'artillerie*, le *génie* et *l'aviation*. Les quatre divisions de l'armée ont leurs quartiers généraux à *Gand, Anvers, Liége* et *Bruxelles*.

9. Organisation financière. — Le *budget de l'Etat*, ou prévision des recettes et des dépenses pour chaque ministère, est voté tous les ans par les Chambres. La *Cour des Comptes*, qui siège à Bruxelles, vérifie l'emploi des fonds de l'État.

Questionnaire. — **1.** En combien de groupes humains se partage la population belge ? — Quel est le caractère de chacun ? — Quelles sont les langues parlées en Belgique ? — **2.** Quelle est la population totale et moyenne de la Belgique ? — ...sa religion ? — **3.** Quel est le gouvernement de la Belgique ? — Que savez-vous du Pouvoir législatif ? — ...judiciaire ? — **4.** Comment est divisée la Belgique au point de vue de l'administration civile ? — Nommez les neuf provinces avec leur chef-lieu. — Comment est administrée chaque province ? — ...chaque arrondissement ? — ...chaque commune ? — **5.** Quelles sont les divisions de la Belgique au point de vue judiciaire ? — Quel est le tribunal du canton ? — ...de l'arrondissement judiciaire ? — Que savez-vous des cours d'appel ? — ...des cours d'assises ? — ...de la cour de cassation ? — ...des tribunaux de commerce et de Prud'hommes ? — ...des tribunaux militaires ? — **6.** Quels sont les trois degrés d'enseignement ? — Où est donné l'enseignement primaire ? — ...moyen ? — ...supérieur ? — **7.** Que comprend la Belgique au point de vue de l'administration religieuse ? — **8.** Comment se recrute l'armée ? — Quelles armes comprend-elle ? — Nommez ses quatre divisions ? — **9.** Qu'est-ce que le budget de l'État ? — Par qui est-il voté ? — Qui est-ce qui vérifie son emploi ?

Devoir écrit. — 1. *Exercice 21 du Cahier de Croquis.* — 2. *Nommez les neuf provinces avec leur chef-lieu et les arrondissements qu'elles forment.*

32e Leçon. — LA BELGIQUE AGRICOLE

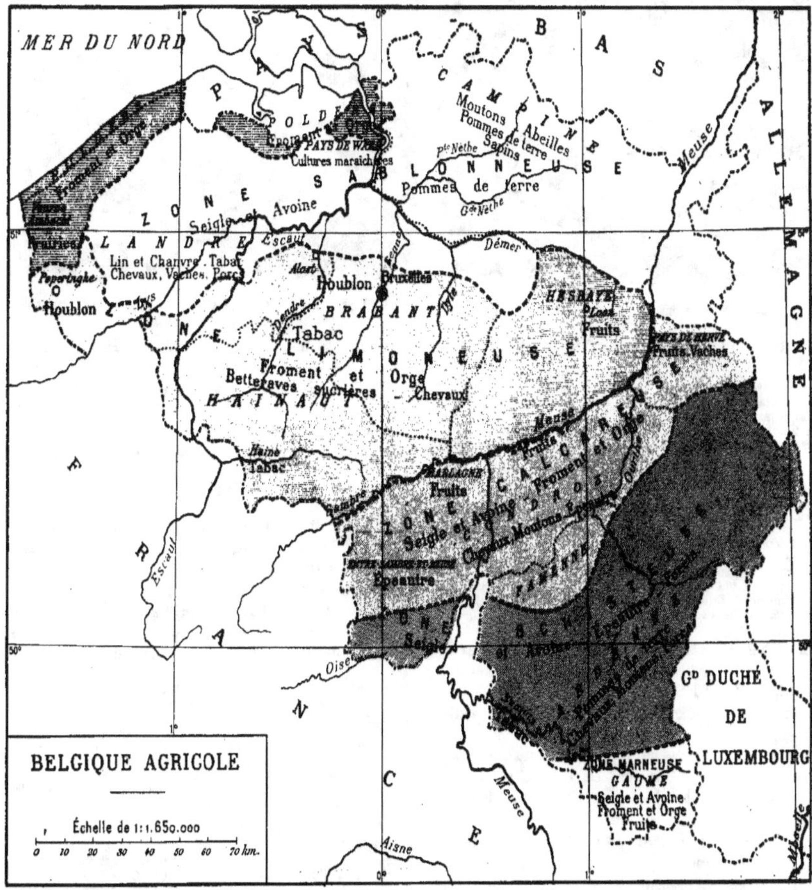

Exercice d'observation. — 1. *Lisez, du Nord-Ouest au Sud-Est, le nom des zones agricoles de la Belgique et ceux de leurs productions, écrits en rouge.* — 2. *Quelles sont les zones où l'on cultive du froment et de l'orge ? — ... des betteraves sucrières ? — ...des pommes de terre ? — ...celles où l'on élève des chevaux ? — ...des vaches ? — ...des porcs ? — ...des moutons ?*

Texte. — **1. Richesses agricoles de la Belgique.** — L'agriculture est la principale richesse de la Belgique ; elle occupe un grand nombre d'habitants. Son sol, son relief et son climat permettent la *culture* d'un bon nombre de plantes utiles, et rendent l'*élevage* fructueux.

2. Cultures. — Les principales plantes cultivées en Belgique sont : les *céréales*, les *pommes de terre*, les *légumes*, les *arbres fruitiers*, la *betterave sucrière*, le *lin* et le *chanvre*, le *houblon* et le *tabac*.

Les **céréales** sont une des richesses de notre pays. Le *seigle* et l'*avoine* sont cultivés dans toutes les zones agricoles ; le *froment* et l'*orge*, dans les zones poldérienne, limoneuse et marneuse ; l'*épeautre*, dans les zones calcareuse et schisteuse.

Les **pommes de terre** sont cultivées partout, mais principalement dans les terrains légers de la zone sablonneuse et en Ardenne.

Les **cultures maraîchères** qui fournissent toutes sortes de légumes sont particulièrement développées autour des grands centres urbains, dans le Pays de Waes et dans la Campine brabançonne.

Les **arbres fruitiers** sont surtout abondants aux pays de Herve et de Looz, dans la Marlagne et dans la Gaume, et sur les coteaux des rives de la Meuse.

La **betterave sucrière** domine dans la zone limoneuse.

Le **lin** et le **chanvre** sont cultivés en Flandre ; le **houblon**, à Poperinghe, et entre Alost et Bruxelles ; le **tabac**, sur les bords de la Lys, de la Dendre, de la Haine et de la Semois.

3. Élevage. — Les principaux animaux élevés en Belgique sont : les *chevaux*, les *vaches laitières*, les *moutons*, les *animaux de basse-cour*, auxquels on peut ajouter les *abeilles*.

Les **chevaux** de gros trait sont élevés dans la Flandre et dans la zone limoneuse ; le Condroz et l'Ardenne nourrissent des chevaux plus légers.

1. — Séchage et rouissage du lin sur la Lys, aux environs de Courtrai.

Le lin est cultivé en Flandre, dans la Vallée de la Lys et dans le pays de Waes, principalement.

Quand il est mûr, on l'arrache et on le lie en bottes qu'on dresse les unes contre les autres pour les faire *sécher*.

Par le *battage*, on enlève les graines qui donnent une huile siccative employée en peinture.

Les tiges sont ensuite mises dans l'eau qui les débarrasse de la matière gommeuse collant les fibres, et leur donne de la souplesse et de la résistance : c'est le *rouissage*.

L'image représente cette opération, exécutée sur la Lys, aux environs de Courtrai, dans de grands bacs fixés à la rive par des chaînes et maintenus sous l'eau par de grosses pierres.

Après le rouissage, le lin est de nouveau séché et mis en meules. Il subit ensuite l'opération du *teillage* qui consiste à broyer les tiges pour les débarrasser de la partie ligneuse et transformer les fibres en filasse.

La dernière opération que subit le lin avant d'être filé et tissé, c'est le *peignage* qui a pour but d'enlever au lin teigné toutes les parties étoupeuses, brins trop courts ou brisés, qui pourraient nuire à la qualité des fils et des tissus.

Les **vaches laitières** paissent dans les prairies grasses de la Flandre (*Voir 2e image*), du Pays de Herve et des vallées de la Haute Belgique. (*Voir 4e image.*)

Les **moutons** sont élevés dans les pâturages secs de la Campine, du Condroz et de l'Ardenne.

Les **animaux de basse-cour** se trouvent dans toutes les fermes : les *porcs* sont surtout élevés en Flandre, en Hesbaye et en Ardenne ; les *lapins* et la *volaille*, dans les régions basses.

Les **abeilles** se rencontrent surtout dans la Campine et dans les régions hautes.

4. Les forêts couvraient autrefois presque toute la Belgique ; elles ont été en partie détruites pour faire place à des champs, des prairies ou des pâturages. Elles n'occupent actuellement que 1/6 de notre pays. Elles

2. — Aspect d'une région d'élevage de la Basse Belgique, prise dans la Flandre maritime.

s'étendent surtout dans les terrains de la Haute Belgique où d'autres cultures seraient difficiles.

D'ailleurs, les forêts sont très utiles : elles fournissent les bois de construction et de chauffage, et beaucoup de pâte à papier ; dans les pentes abruptes, leurs racines retiennent les terres que les eaux de pluie tendent à emporter ; par la fraîcheur qu'elles dégagent, elles condensent les nuages qui se résolvent en pluie.

5. Pêche et chasse. — La *pêche* maritime fournit le cabillaud, la raie, la sole, les moules et les crevettes. Les fleuves, les rivières et les étangs donnent la truite, le brochet, la carpe, la perche, l'anguille, etc.

On *chasse* un peu partout le petit gibier : lapins, lièvres, perdrix et faisans. Les forêts de l'Ardenne sont riches en gros gibier : sangliers, cerfs, chevreuils.

Questionnaire. — 1. Quelle est la principale richesse de la Belgique ? — Pourquoi peut-on cultiver un grand nombre de plantes utiles en Belgique ? — 2. Quelles sont les principales plantes cultivées en Belgique ? — Où cultive-t-on le seigle et l'avoine ? — ...le froment et l'orge ? — ...l'épeautre ? — ...les pommes de terre ? — Où se pratiquent les cultures maraîchères ? — Où cultive-t-on surtout les arbres fruitiers ? — ...la betterave sucrière ? — ...le lin et le chanvre ? — ...le houblon ? — ...le tabac ? — 3. Quels sont les principaux animaux élevés en Belgique ? — Où élève-t-on les chevaux ? — ...les vaches laitières ? ...les moutons ? — ...les animaux de basse-cour ? — ...les abeilles ? — 4. Quelle était autrefois l'étendue des forêts en Belgique ? — Que sont-elles devenues ? — Quelle étendue occupent-elles encore ? — Où se trouvent-elles surtout ? — Quelle est l'utilité des forêts ? — 5. Que fournit la pêche maritime — ...la pêche dans les fleuves, les rivières et les étangs ? — Où chasse-t-on le petit gibier ? — ...le gros gibier ?

Devoir écrit. — 1. *Exercice 22 du Cahier de Croquis.* — 2. *Répondez par écrit à la 2e question de l'exercice d'observation.*

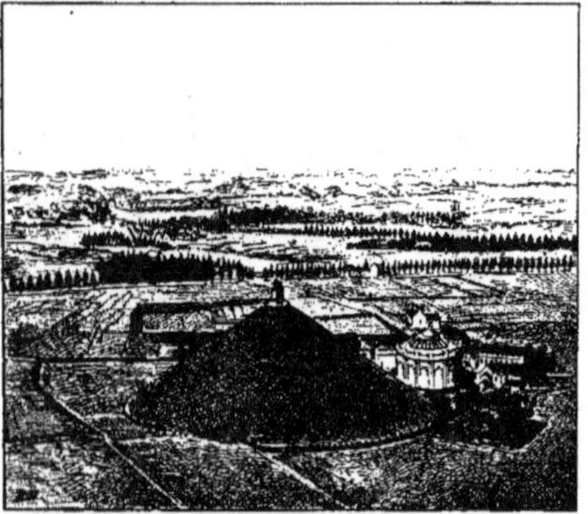

3. — Aspect des plaines ondulées de la Moyenne Belgique, prises en avion au-dessus du Lion de Waterloo.

4. — Aspect d'une région vallonnée de la Haute Belgique, prise dans la partie de l'Ardenne que parcourt la Semois.

33e Leçon. — LA BELGIQUE INDUSTRIELLE

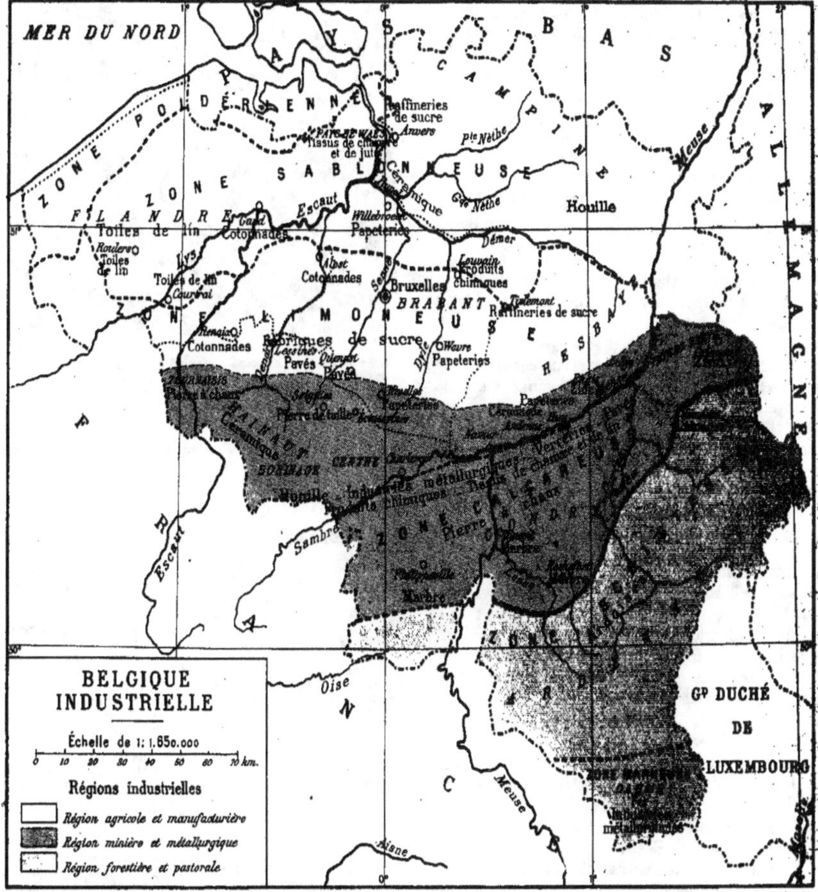

Exercice d'observation. — 1. *Quelles sont les trois régions indiquées sur cette carte ? — 2. Lisez, dans chaque région, le nom de la ville ou du pays, et celui des productions, écrit en rouge.*

Texte. — 1. L'industrie transforme les matières premières fournies par l'agriculture ou par l'exploitation des *mines* et des *carrières*.

2. **Les mines belges** produisent surtout de la *houille*, ainsi qu'un peu de *fer* et de *zinc*. Nos deux centres houillers sont : celui du Sud qui comprend les *bassins du Borinage*, du *Centre*, de *Charleroi*, de *Namur* et de *Liège*, tous en pleine activité ; celui du N.-E. ou de la *Campine*, dont l'exploitation commence.

Dans les régions montagneuses, on remplace la houille par le travail des chutes d'eau pour obtenir la force motrice, la chaleur et la lumière ; c'est pourquoi on a donné à ces chutes le nom de *houille blanche*.

Le minerai de fer se trouve surtout dans la Gaume ; le minerai de zinc à Engis et à la Calamine.

3. **Les carrières** de la Moyenne et surtout de la Haute Belgique abondent en matériaux de construction. Elles fournissent principalement : le *marbre* de Rochefort, de Dinant et de Philippeville ; la *pierre de taille* (petit granit)

de Soignies et des Écaussines ; la *pierre à chaux* de la zone calcareuse et du Tournaisis ; les *pavés de porphyre* de Lessines et de Quenast ; les *pavés de grès* de la Meuse et de l'Ourthe ; les *ardoises* de la zone schisteuse.

4. **Les industries métallurgiques** travaillent les métaux, le fer surtout. Le *minerai de fer* est transformé en *fonte* dans les hauts fourneaux, puis en *fer* et en *acier* avec lesquels on fabrique des machines et des outils de toutes sortes.

Les usines métallurgiques sont généralement établies auprès des mines de houille ou de fer, et dans les ports qui reçoivent facilement la houille ou les minerais étrangers. Les plus importantes sont celles des groupes de *Liège*, de *Charleroi* et du *Centre* qui emploient la houille de leurs bassins ; celles de la *Gaume* qui travaillent le fer des mines voisines.

Ces usines fabriquent des locomotives, des wagons, des ponts, des charpentes métalliques, des machines motrices, des machines-outils, des cycles, des automobiles, des armes, etc...

5. **Les industries chimiques** comprennent la *verrerie*, la *céramique*, la *papeterie* et les *produits chimiques*.

Les verreries sont généralement établies auprès des

charbonnages. Les plus importantes sont celles des groupes de *Liége, Namur, Charleroi* et le *Centre*. Elles fabriquent des glaces, des verres à vitres, des cristaux et de la gobeleterie.

La **céramique** travaille la terre plastique. Elle la transforme : en briques et tuiles sur le *Bas Escaut* et le *Rupel ;* en carreaux céramiques, en produits réfractaires, en faïences et en porcelaine, dans le *Hainaut* et à *Andenne.*

Les **papeteries** se trouvent principalement à Nivelles. Wavre, Huy et Willebroeck.

Les **produits chimiques** (soude, acide sulfurique, etc.), assez importants, sont fournis par les usines de la Basse-Sambre, des environs de Liége et de Louvain.

6. Les industries alimentaires sont prospères mais elles doivent importer une partie des produits qu'elles travaillent.

Les **minoteries** sont installées le long des voies navigables et près des centres populeux ; la plus grande partie des grains qu'elles transforment en farine vient de l'étranger.

Les **fabriques de sucre** sont nombreuses dans la zone limoneuse où l'on cultive la betterave sucrière ; ce sucre est raffiné à *Tirlemont* et exporté en grande partie ainsi que le sucre de canne raffiné à *Anvers.*

Les **brasseries** sont nombreuses dans toutes les régions puisque la bière est la boisson nationale.

7. Les industries textiles comprennent la filature et le tissage de la laine, du lin, du coton, du chanvre et du jute. Elles sont très florissantes et la plupart fort anciennes en Belgique.

Les **lainages** se fabriquent avec les laines du pays et surtout avec celles qu'on importe de l'Australie et de l'Argentine. Le *groupe de Verviers* est le centre principal de cette industrie.

L'industrie linière est très développée en *Flandre,* surtout aux environs de *Courtrai* et de *Roulers.* Les eaux de la Lys en amont et en aval de Courtrai sont sans rivales pour le rouissage du lin.

L'industrie cotonnière a pour centre *Gand,* d'où elle rayonne vers Alost et Renaix.

Le **chanvre** et le **jute** sont travaillés au Pays de Waes et dans les centres houillers.

2. — **Une filature de coton** comprend différentes salles dans chacune desquelles s'exécute une des opérations nécessaires pour transformer les fibres textiles en fil. La figure ci-dessus nous montre la *salle des broches* ou *du bobinage.* Les fils étirés et tordus vont s'enrouler autour des *bobineaux* montés sur des *broches* qui leur communiquent leur mouvement de rotation.

C'est par le nombre de broches qu'on évalue l'importance d'une filature ou des filatures d'un pays. Sur les 129 millions de broches des filatures de coton en activité dans le monde, en 1921, la Belgique en comptait 1 million et demi.

Questionnaire. — **1.** Que fait l'industrie ? — **2.** Quels sont les principaux produits des mines belges ? — Quels sont nos deux centres houillers ? — Par quoi remplace-t-on la houille dans les régions montagneuses ? — Où se trouve le minerai de fer ? — ...de zinc ? — **3.** Quels sont les produits de nos carrières ? — **4.** Que travaillent les industries métallurgiques ? — Quelles transformations fait-on subir au minerai de fer ? — Où sont généralement établies les usines métallurgiques ? — Quelles sont les plus importantes ? — Que fabriquent ces usines ? — **5.** Que comprennent les industries chimiques ? — Où sont établies les verreries ? — Quelles sont les plus importantes ? — Que fabriquent-elles ? — Quels sont les produits de la céramique ? — Où se trouvent les papeteries ? — Quels sont les principaux produits chimiques et par quelles usines sont-ils fournis ? — **6.** Que savez-vous de nos industries alimentaires ?— Où sont installées les minoteries ?— ...les fabriques et les raffineries de sucre ? — ...les brasseries ? — **7.** Que comprennent les industries textiles ? — Sont-elles florissantes en Belgique ? — Avec quoi se fabriquent les lainages ? — Quel en est le centre principal ? — Quel est le centre de l'industrie linière ? — ...cotonnière ? — ...du chanvre et du jute ?

Devoir écrit. —1. *Exercice 23 du Cahier de Croquis.*—2. *Indiquez les différentes transformations subies par les matières premières pour devenir la lame de votre couteau. — ...un morceau de pain, — ...votre gilet de laine.*

1. **La Région métallurgique de Charleroi** offre l'aspect fantastique d'une immense agglomération de hauts fourneaux et de fours à coke, d'usines bruyantes et d'ateliers, où d'innombrables cheminées percent un ciel toujours couvert de fumées et de brouillards que trouent des reflets de fournaise.

3. — **Les cristalleries du Val Saint-Lambert** sont établies sur la rive droite de la Meuse, à 12 km. à l'Ouest de Liége. Elles occupent 5.000 ouvriers et fabriquent 60 millions de pièces par an, dont les produits variés sont recherchés dans les cinq Parties du monde où une légion d'agents commerciaux travaillent à l'écoulement de cette énorme production.

34ᵉ Leçon. — LE COMMERCE ET LES VOIES DE COMMUNICATION DE LA BELGIQUE

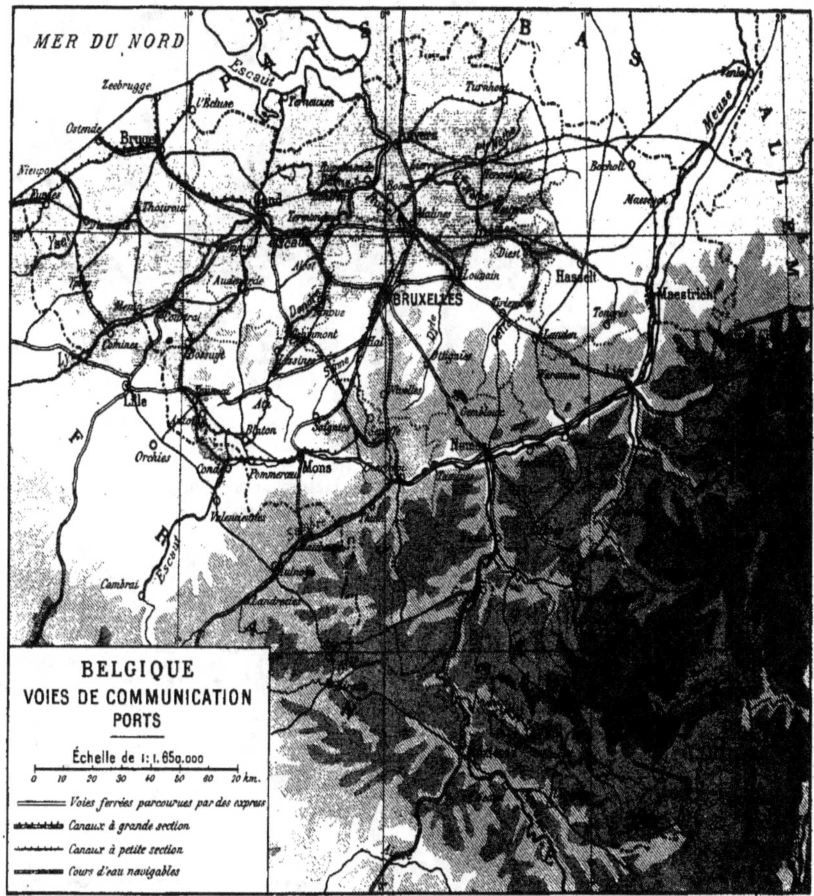

Exercice d'observation. — *1. De quelle ville centrale partent les chemins de fer belges ? — 2. Par quelles villes passeriez-vous pour aller en chemin de fer d'Ostende à Arlon ? — ...de Mons à Anvers ? — ...de Tournai à Louvain ? — ...de Malines à Verviers ? — 3. Nommez les rivières, les canaux et les villes où vous passeriez pour aller en bateau de Nieuport à Liége. — ...d'Ostende à Diest. — ...d'Anvers à Liége.*

Texte. — 1. **Le commerce** est *intérieur* ou *extérieur*.

Le commerce extérieur comprend l'*exportation* et l'*importation*. Il place la Belgique au 5ᵉ rang des grandes puissances commerciales, après l'Angleterre, les États-Unis, la France et l'Allemagne.

2. Importations et exportations. — La Belgique achète à l'étranger des *denrées alimentaires* et des *matières premières pour son industrie* : laine, coton, lin, bois.

Elle vend de la *houille* et des *produits fabriqués* ou simplement préparés.

Nos principaux clients et fournisseurs sont nos voisins : la France, l'Angleterre, l'Allemagne et la Hollande ; puis viennent les États-Unis et l'Argentine.

3. Routes. — La Belgique a plus de 40.000 km. de routes, dont 9.850 de grande voirie et 31.500 de voirie vicinale.

On distingue les *routes nationales*, entretenues par l'État ; les *routes provinciales*, à la charge des provinces, et les *chemins vicinaux*, aux frais des communes qu'ils traversent.

4. Chemins de fer. — Les voies ferrées belges forment un réseau de plus de 9.300 km, dont 4.750 de grande communication. C'est le premier du monde, proportionnellement à l'étendue du territoire.

La plupart des grandes lignes rayonnent de Bruxelles et se relient aux frontières avec les chemins de fer étrangers. — *Étudiez sur la carte, de la façon suivante, les grandes lignes parcourues par des express : elles sont indiquées par un double trait rouge.*

Bruxelles à Ostende par Alost, Gand et Bruges, etc., etc.

5. Les voies fluviales comprennent les *rivières navigables* et les *canaux*.

Beaucoup de cours d'eau de la Basse et de la Moyenne Belgique ressemblent à des canaux tant ils sont lents et réguliers ; aussi la plupart sont navigables, sur une longueur totale de 1.000 km. environ.

L'Yser, la Lys, l'Escaut, la Sambre et la Meuse sont

entièrement navigables sur notre territoire. La Durme est navigable depuis Lokeren ; la Dendre, depuis Ath ; le Rupel et la Nèthe entièrement ; la Petite Nèthe, depuis Hérenthals, la Grande Nèthe, depuis Westerloo ; la Dyle, depuis son confluent avec le Démer ; le Démer, depuis Diest ; l'Ourthe, après avoir reçu l'Amblève.

Les **Canaux** sont des rivières navigables creusées par les hommes. La Belgique en possède 1.170 km. On distingue les *canaux à grande section*, qui peuvent porter de petits bâtiments de mer, et les *canaux à petite section*, qui ne portent que des bateaux.

Canaux à grande section : 1º Bruges-Zeebrugge ; 2º Gand-Bruges-Ostende ; 3º Gand-Terneuzen ; 4º Bruxelles-Boom ; 5º Louvain au Rupel, par Malines.

Canaux à petite section : 1º Anvers-Turnhout ; 2º Turnhout-Hasselt ; 3º Anvers-Hérenthals ; 4º Hérenthals-Bocholt ou Canal de la Campine ; 5º Bocholt-Maestricht ; 6º Maestricht-Liége ; 7º Charleroi-Bruxelles ; 8º Seneffe-Mons ou Canal du Centre ; 9º Mons-Condé ; 10º Pommerœul-Antoing ; 11º Blaton-Ath ; 12º Bossuyt-Courtrai ; 13º Comines-l'Yser ; 14º Bruges-l'Écluse.

6. Navigation maritime. — Pour les transports au delà des mers, des services réguliers de navires de commerce sont établis entre nos ports et l'étranger. Voici nos ports de mer :

Anvers, notre grand port national, est admirablement situé à 88 km. de la mer. C'est le nœud d'un magnifique réseau de voies maritimes, fluviales et ferrées. Il est en communication régulière avec les pays d'Europe et d'outre-mer.

Comme ports secondaires, la Belgique a **Ostende,** en communication journalière avec Douvres, pour les voyageurs, et avec Tilbury, pour les marchandises du marché londonien. **Zeebrugge,** port d'escale en communication avec Hull et Harwich, en Angleterre. **Nieuport** et **Ostende** sont des ports de pêche.

7. Aviation. — Depuis la Grande Guerre, l'avion est devenu un moyen rapide de transport pour voyageurs et marchandises. Des services réguliers sont déjà établis entre Bruxelles et quelques capitales d'Europe : Paris, Londres, Amsterdam, etc...

8. Postes, télégraphes et téléphones. — Le transport des lettres confiées à la poste se fait rapidement, par chemin de fer, bateaux à vapeur et avions.

2. **Le Viaduc de Dolhain** fait partie de la grande ligne de Bruxelles à Cologne. Il traverse la vallée de la Vesdre par 18 arcades cintrées, et relie deux collines percées par des tunnels. La région où il se trouve, est essentiellement pastorale et forestière.

De nombreuses lignes télégraphiques et téléphoniques, complétées par la télégraphie sans fil, unissent nos villes et nos villages, et se relient aux lignes étrangères. De plus, un câble sous-marin relie la Belgique à Douvres.

Questionnaire. — 1. Comment se divise le commerce ? — — Que comprend encore le commerce extérieur ? — A quel rang de grande puissance commerciale place-t-il la Belgique ? — **2.** Quels produits la Belgique achète-t-elle à l'étranger ? — Quels produits y vend-elle ? — Quels sont nos principaux clients et fournisseurs ? — **3.** Quelle est la longueur des routes en Belgique ? — Combien en distingue-t-on de sortes ? — **4.** Quelle est la longueur des chemins de fer belges ? — D'où rayonnent la plupart des grandes lignes ? — Quelles sont les grandes lignes parcourues par des express ? — **5.** Comment divise-t-on les voies fluviales ? — Quelle est la longueur des rivières navigables en Belgique ? — Nommez ces rivières. — Qu'est-ce que les canaux ? — Quelle est leur longueur en Belgique ? — Combien en distingue-t-on de sortes ? — Nommez les canaux à grande section ? — Quels sont les principaux canaux à petite section ? — **6.** Comment se font les transports au delà des mers ? — Quels sont nos ports de mer et avec quels pays sont-ils en relation ? — **7.** Que savez-vous de l'aviation ? — **8.** Comment se font les transports rapides de la poste ? — A quoi servent les lignes télégraphiques et téléphoniques ? — Avons-nous des câbles sous-marins ?

Devoir écrit. — 1. *Exercice 24 du Cahier de Croquis.* — 2. *Répondez par écrit aux questions 2 et 3 de l'exercice d'observation.*

1. — **L'Ascenseur hydraulique de la Louvière** est un des quatre établis sur le Canal du Centre, pour suppléer au manque d'eau d'alimentation. Chaque ascenseur est construit en fer ; il monte ou descend un grand bac contenant un bateau ; sa portée étant de 15 à 17 mètres, il tient lieu de 6 ou 7 écluses ordinaires, et les quatre ascenseurs rachètent ensemble les 66 mètres de pente du canal.

3. — **Anvers.** — La *Cathédrale* Notre-Dame, bâtie du XIVᵉ au XVIᵉ siècle, est une des plus grandioses de la Belgique. Sa merveilleuse flèche sculptée à jour s'élève à 123 mètres de hauteur. C'est de là qu'a été prise la vue de la ville. Au premier plan, l'*Hôtel de Ville* construit en 1564, dans le style de la Renaissance. Au dernier plan le port et la ligne blanche de l'Escaut qui se perd à l'horizon.

35e Leçon. — LE CONGO BELGE PHYSIQUE

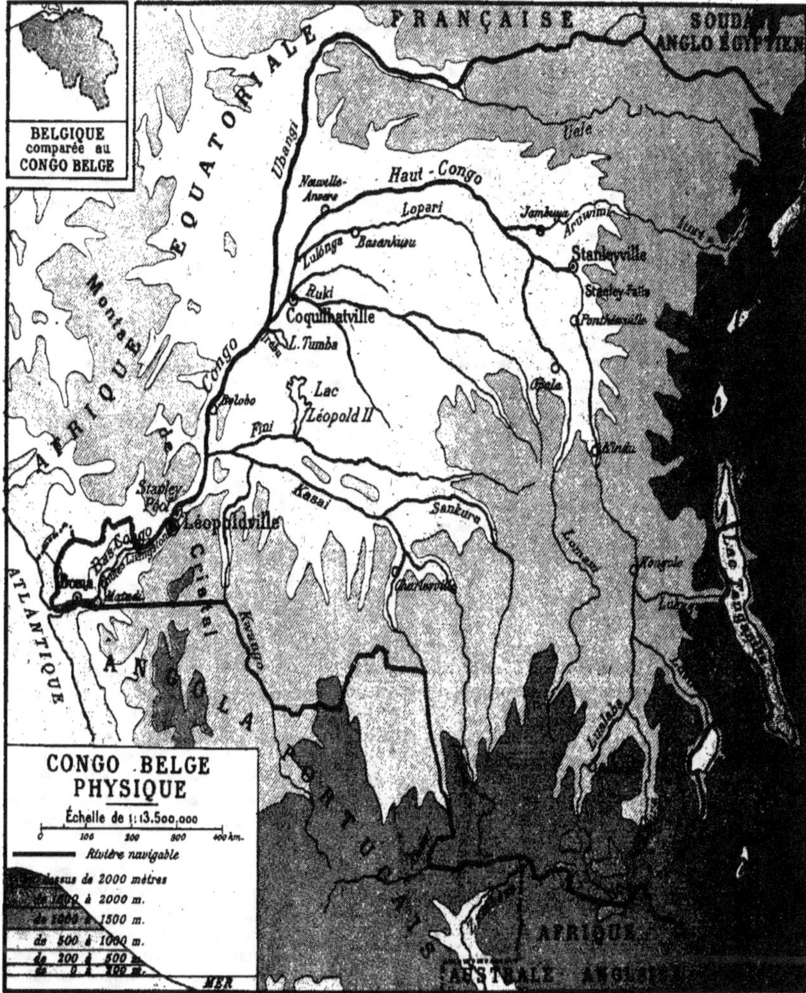

Exercice d'observation. — *1. Quelle est, d'après la carte, l'étendue du Congo belge par rapport à la Belgique ? — D'où vient le nom de cette possession ? — 3. Quels sont les affluents du Congo, à droite ? — ...à gauche ? — 4. Quels sont les lacs que renferme cette colonie ou qui la limitent ?*

Texte. — **1. Mode de colonisation.** — D'après le mode de colonisation, on distingue les *colonies d'exploitation* et les *colonies de peuplement*.

Les colonies d'exploitation sont celles dont le climat trop chaud ou malsain ne permet aux Européens qu'une résidence temporaire. L'exploitation des richesses minérales ou végétales est faite par les indigènes sous la direction des Européens.

Les colonies de peuplement, au contraire, sont celles dont le climat permet aux Européens de se fixer et de cultiver le sol.

Dans l'ensemble, notre Congo est une colonie d'exploitation ; cependant, à cause de l'altitude, le Katanga et la région orientale peuvent être considérés comme des colonies de peuplement.

2. Utilité de notre colonie. — Elle favorise notre industrie en lui procurant des matières premières qu'elle ne possède pas.

Elle ouvre des débouchés à nos produits manufacturés.

Elle est une extension de la patrie pour l'excédent de notre population.

Elle grandit notre prestige moral et politique.

Elle est une incomparable école d'initiative, d'ingéniosité et de volonté.

3. Situation et étendue. — Le Congo Belge, vaste contrée de l'Afrique centrale, équivaut à 80 fois la Belgique et à 1/18e de l'Afrique.

4. Relief. — Notre colonie est une immense plaine en forme de cuvette inclinée vers le centre, relevée au pourtour, et drainée par le Congo et ses affluents.

Elle est bordée au N. et au S. par des plateaux qui s'élèvent lentement en terrasses ; à l'O., par les Monts de Cristal, parallèles à l'Atlantique, dont ils sont séparés par une étroite plaine littorale ; à l'E., par une double chaîne de montagnes qui enserre une rangée de lacs, et où s'élèvent le *Ruvenzori*, de plus de 5.000 mètres de hauteur.

5. Climat et saisons (1). — Le climat de notre Congo est généralement chaud, humide et fiévreux. Cependant, il n'est pas le même partout : l'altitude, le voisinage de l'Océan, les forêts et les vent le différencient.

C'est la pluie qui détermine les saisons au Congo, la température n'y subissant pas, en général, de grands écarts : la saison sèche correspond à l'hiver et la saison des pluies à l'été.

Les pluies se répartissent de façon à peu près uniforme, durant toute l'année, dans le voisinage immédiat de l'équateur. A mesure que l'on s'éloigne de ce dernier, les saisons se précisent. Elles comprennent une grande saison chaude et humide, une grande saison sèche et moins chaude, et deux petites saisons, l'une chaude, l'autre moins chaude. Ces saisons sont renversées dans les deux hémisphères.

6. Hydrographie. — Notre colonie possède un des plus riches bassins hydrographiques du monde (125 f. la B.). Le cours du fleuve est divisé en trois parties : le cours supérieur (*Lualaba*), jusqu'aux Stanley-Falls ; le cours moyen (*Haut-Congo*), jusqu'à Léopoldville et le cours inférieur (*Bas-Congo*), jusqu'à la mer.

Le **Lualaba** a deux biefs navigables : de Bukama à Kongolo et de Kindu à Ponthierville. Après les Stanley-Falls il prend le nom de Congo et devient un fleuve de plaine, immense, majestueux et calme, s'élargissant à diverses reprises et comprenant une multitude d'îlots verdoyants et de bancs de sable. Après Nouvelle-Anvers, tantôt il se rétrécit, tantôt il s'élargit, et traverse la partie la plus déprimée de son cours. Depuis Bolobo, il coule entre des rives plus élevées en creusant son lit dans les premiers gradins des Monts de Cristal. Il s'épanouit une dernière fois en formant le vaste **Stanley-Pool**, lac fluvial de 1.500 km² : c'est le troisième bief, long de 1.685 km. Le Congo se creuse ensuite une gorge étroite, profonde et sinueuse, qu'il parcourt en formant les 32 *Chutes de Livingstone*, d'une hauteur totale de 200 m. Il redevient navigable à Matadi, s'élargit, passe à Boma et forme un estuaire de 11 km. de large, parsemé d'îles très fertiles. Son courant d'eau douce, jaune et limoneuse, se distingue encore, à la surface de l'Océan, à plus de 20 km. de la côte.

7. Principaux affluents du Congo. — A droite : la *Lifura*, le *Luapula*, l'*Aruwimi* et l'*Ubangi*.

A gauche : le *Lomani*, la *Lulonga*, la *Ruski* et le *Kasai*.

La **Lifura** traverse le plateau montagneux du Katanga. Le **Luapula** vient du *Lac Bangwelo*, forme la frontière S.-E. de notre colonie, se jette dans le *Lac Moero* et en sort sous le nom de *Luvua*. L'**Aruwimi**, connu d'abord sous le nom d'*Ituri*, traverse la forêt équatoriale et devient navigable en aval de Jambuya. L'*Ubangi*, le plus important des affluents de Congo, est comparable au Danube pour sa longueur ; il est grossi de l'*Uele*.

Le **Lomani** est navigable à partir d'Opata. La **Lulonga** est nommée *Lopari* jusqu'à Bansankusu où elle devient navigable. La **Ruski** conflue à Coquilhatville ; elle a de nombreux affluents et sous-affluents généralement navigables. Le **Kasai** draine un territoire immense ; il devient navigable à partir de Charlesville. Il a de nombreux affluents entre autres le *Lalua*, le *Sankuru* et le *Kwango*.

8. Lacs. — Les principaux lacs du Congo belge sont : le *Tanganika*, le *Kivu*, l'*Edouard*, l'*Albert*, le *Léopold II* et le *Tumba*.

Le **Lac Tanganika**, plus grand que la Belgique, reçoit les eaux du **Lac Kivu** par la torrentueuse *Ruzizi*, et s'écoule dans le Lualaba par la lente *Lukuga*. Le **Lac Edouard** s'écoule dans le **Lac Albert** par la *Semliki*. Les **Lacs Léopold II et Tumba** s'écoulent dans le Congo, le premier par le *Fini* et le second par l'*Irebu*.

9. Richesses naturelles. — Notre colonie, et tout spécialement le Katanga, se classe parmi les pays miniers les plus riches du monde. Le *cuivre*, l'*or*, le *diamant*, le *radium*, l'*étain*, le *fer*, le *charbon* et le *pétrole* y abondent.

La végétation, au caractère équatorial et tropical nettement déterminé, se différencie, suivant la situation et la qualité des terres, en régions naturelles bien distinctes : la *forêt*, la *savane* et la *brousse*.

La forêt dense s'est développée avec vigueur sur toute la région à cheval sur l'équateur, où les chaleurs sont fortes et les pluies abondantes.

La savane s'étend librement derrière le rideau forestier et forme tantôt des zones herbeuses avec des groupes d'arbres et d'arbustes rabougris et espacés comme dans nos vergers, tantôt de vrais bois dans les vallées irriguées ou les marais qui bordent les plateaux.

La steppe ou brousse occupe les terrains les moins fertiles. C'est le cas des contrées sablonneuses de la ligne de faîte qui se présente souvent à l'état de plateau ; la végétation y est de dimensions réduites.

Parmi les plantes les plus communes, citons : les palmiers de différentes espèces, les arbres et les lianes à caoutchouc, les arbres à copal, les faux-cotonniers, les bananiers et les papyrus. Dans tous les postes d'Européens, on trouve des jardins avec les légumes de nos régions.

La faune congolaise est très riche. C'est celle des contrées équatoriales et tropicales correspondant à la végétation des forêts, des savanes ou des steppes. Il existe une grande variété de singes dans la forêt centrale ; des lions, dans le Katanga ; des éléphants, dans le Haut-Congo ; des rhinocéros, dans les provinces orientales ; des hippopotames, dans le fleuve et ses principaux affluents ; des zèbres, des buffles, des antilopes et des gazelles, dans le Katanga et dans les savanes de la zone orientale. Le cheval, l'âne et le mulet ont été importés dans la colonie. On se préoccupe aussi de l'élevage du bétail qui y rencontre un redoutable ennemi, la mouche tsé-tsé, dont la piqûre est mortelle.

Questionnaire. — 1. Combien distingue-t-on de colonies d'après le mode de colonisation ? — Qu'est-ce que les colonies d'exploitation ? — ...de peuplement ? — Quelle sorte de colonie est notre Congo ? — 2. Quelle est l'utilité de notre colonie ? — 3. Indiquez sa situation et son étendue ? — 4. Décrivez son relief... — 5. Parlez de son climat et des saisons qui s'y partagent l'année. — 6. Que savez-vous du bassin hydrographique de notre colonie du Congo ? — 7. Nommez les affluents du Congo et décrivez-les. — 8. Quels sont les principaux lacs du Congo belge ? Décrivez-les. — 9. Quelles sont les principales richesses minières de notre colonie ? — Nommez les régions naturelles et décrivez-les. — Quelles sont les plantes les plus communes ? — Parlez de la faune congolaise.

Devoir écrit. — 1. *Exercice 25 du Cahier de Croquis.* — 2. *Descendez le Cours du Congo et décrivez-le en indiquant ses noms particuliers, ses biefs navigables, les confluents et les localités ren contrées*

---

(1) *Les données sur le Congo sont puisées dans « Notre colonie » par A. Michiels et N. Laude, excellent ouvrage que nous recommandons à tous les Professeurs.*

36e Leçon. — LE CONGO BELGE POLITIQUE ET ÉCONOMIQUE

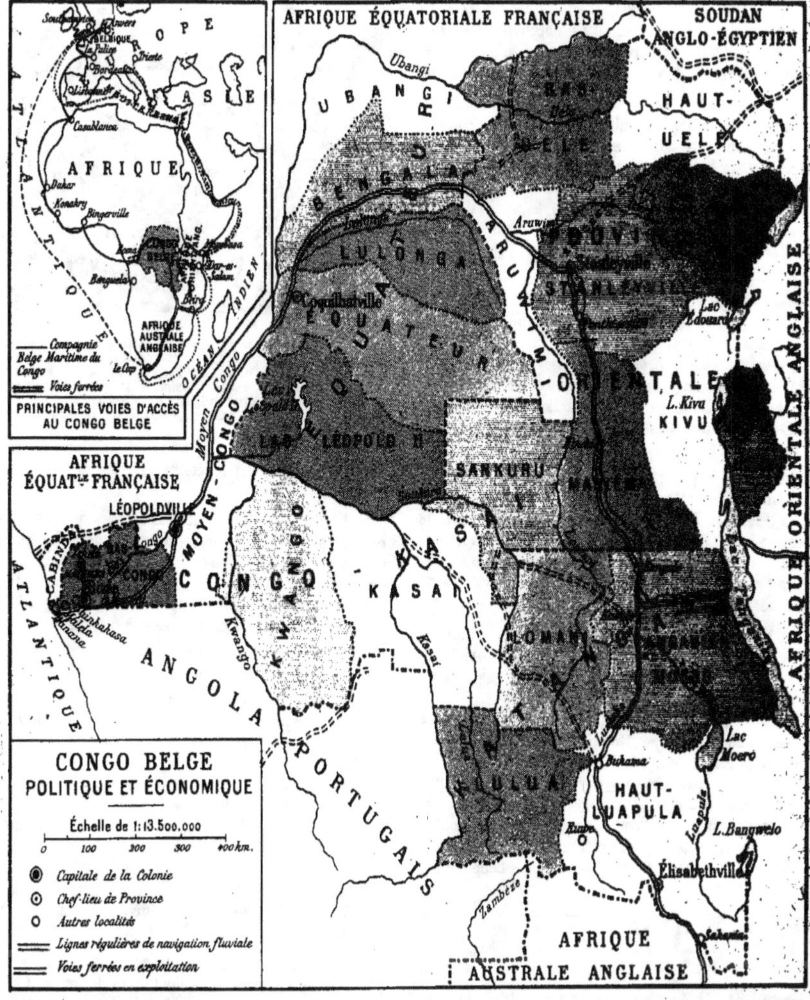

Exercice d'observation. — 1. *Lisez, sur la carte, le nom des provinces du Congo belge et de leur chef-lieu.* — 2. *Lisez dans chaque province le nom des districts.* — 3. *Où passeriez-vous pour aller, en bateau ou en chemin de fer, de Boma au Lac Tanganika.*

Texte. — 1. Administration. — Le Congo dépend d'une *administration centrale* qui siège à Bruxelles et dont le chef est le Ministre des Colonies, et d'une *administration locale* représentée par le Gouverneur général qui réside à Léopoldville, la capitale de la colonie.

Le Congo se divise en quatre provinces : **Congo-Kasai**, chef-lieu *Léopoldville* ; **Équateur**, ch.-l. *Coquilhatville* ; **Province orientale**, ch.-l. *Stanleyville* ; **Katanga**, ch.-l. *Elisabethville.*

Chaque province se divise en **districts** (21) ; les districts en **territoires** (200), et les territoires en **chefferies**, ayant respectivement à leur tête des *commissaires de districts*, des *administrateurs territoriaux* et des *chefs indigènes.*

Le **Ruanda** et l'Urundi sont administrés par un *Résident général.*

Les agglomérations qui renferment une population importante sont constituées en **circonscriptions urbaines**, régies par des règlements spéciaux. Il en existe une quarantaine, y compris les chefs-lieux de districts. Il n'y a pas de ville proprement dite, mais des postes ou stations. Léopoldville est érigé en District urbain.

2. Population. — La population indigène s'élève à 13 millions d'hab., dont 3 millions pour le Ruanda et l'Urundi. Sur 10.000 Blancs, 6.000 sont Belges.

Les tribus vivent indépendantes dans les huttes des villages, seul groupement social.

3. Industrie. — L'*industrie indigène* est très simple. Elle se borne aux objets de première nécessité : ustensiles, armes, poteries, pagnes, nattes et engins de pêche. La *grande industrie* a réalisé des merveilles au Congo et spécialement au Katanga. Notre colonie en a reçu une mise en valeur industrielle plus rapide et plus solide.

L'Union Minière du Haut-Katanga, qui occupe de 12 à 15 mille ouvriers, est l'une des plus fortes productrices du monde. Indiquons seulement les *mines et les usines de cuivre* des environs d'Elisabethville, les *mines d'or* de Kilo, Moto et Ruwe, de *diamants* du Kasai, de *radium* du Haut-Katanga, d'*étain*, de *pétrole* et de *charbon*.

4. Commerce. — Les Noirs tiennent des marchés où ils échangent leurs produits. Le commerce consiste surtout dans l'exportation des produits naturels : cuivre, noix palmiste, copal, or, ivoire, diamant, huile de palme, étain, caoutchouc, etc... La part de la Belgique dépasse 50 0/0. La colonie **importe** des tissus de coton, des machines, des voitures, des outils, des rails, des clous et des denrées alimentaires.

5. Principales voies d'accès au Congo. — 1° *Par le Fleuve Congo* : *a*) Anvers-Boma-Matadi (compagnie belge, 21 j.). — *b*) Bordeaux-Boma-Matadi. — *c*) Lisbonne-Matadi.

2° *Par les colonies étrangères voisines* : *a*) Du Cap ou de Beira au Katanga par l'Afrique australe anglaise. — *b*) De Dar-es-Salam au Lac Tanganika, et de Mombasa au Lac Albert par l'Afrique orientale anglaise. — *c*) De Benguela au Katanga par l'Angola portugais.

6. Ports. — Il y a trois ports naturels en eau profonde et bien abrités : *Banana*, sur la rive droite du Congo, poste de pilote. *Boma*, l'ancienne capitale, à 87 km. de l'embouchure, dessert la riche région du Mayumbe. *Matadi*, sur la rive gauche, à 150 km. de l'embouchure, est le terminus de la navigation maritime et la tête de ligne du chemin de fer vers Léopoldville.

7. Voies fluviales. — Le Congo et ses nombreux affluents constituent un admirable réseau fluvial de pénétration vers l'intérieur. Des services réguliers desservent un parcours d'environ 12.000 km.

Le *service du Bas-Congo*, dont le centre est Boma, est en communication avec Matadi, Banana, Shinkakasa (fort) et Malèla (scierie).

Le *service du Haut-Congo* a pour tête de ligne Léopoldville. Il présente trois biefs navigables formant avec les voies ferrées qui les relient la grande route nationale du Katanga à l'Atlantique : Bukama-Kongolo (640 km.), Kindu-Ponthierville (320 km.), Stanleyville-Léopoldville (1.685 km.).

2. — **Une exploitation du cuivre au Katanga.** — Le Katanga est la plus vaste région de cuivre du monde et ses gisements sont les plus riches. L'*Union Minière* qui l'exploite est la plus grande productrice de cuivre qui existe. Le minerai est traité dans cinq usines et les lingots sont expédiés en Belgique, en Angleterre et aux États-Unis où ils subissent le raffinage avant d'être mis sur le marché.

Un service régulier fonctionne sur les lacs Tanganika et Kivu.

8. Routes. — Il existe deux catégories de routes : les routes carrossables et les sentiers indigènes élargis et améliorés, parfois cyclables (routes secondaires). Un service régulier d'automobiles assure les communications dans le Bas-Congo, l'Uele, l'Ituri et le Katanga. Dans l'Uele, les attelages sont traînés par des bœufs et aussi par des éléphants dressés à Api.

9. Chemins de fer. — Il existe environ 2.000 km. de chemins de fer en exploitation :

Chemin de fer du Mayumbe : Boma-Tshela (137 km.).

Chemin de fer du Bas-Congo : Matadi-Léopoldville (400 km.).

Chemin de fer du Congo supérieur aux Grands Lacs : trois tronçons : Stanleyville-Ponthierville (125 km.). Kindu-Kongolo (355 km.), Kabalo-Tanganika (270 km.).

Chemin de fer du Katanga : Sakania-Bukama ; il relie la frontière S. au Lualaba (727 km.).

Enfin des chemins de fer sont en construction ou en projet : Du Bas-Congo au Katanga avec ramification, et d'autres dans l'Uele, l'Ituri, etc...

10. L'aviation, la télégraphie avec ou sans fil, le **téléphone**, le service des postes, dont le développement s'accentue, permettent de correspondre rapidement avec des contrées hier encore inaccessibles.

Questionnaire. — 1. Comment le Congo est-il administré ? — Nommez ses quatre provinces avec leur chef-lieu. — Quelles sont les divisions et les subdivisions des provinces ? — Indiquez leurs administrateurs respectifs. — Que savez-vous des agglomérations ? 2. Quelle est la population indigène ? — Celle des Blancs ? — Comment vivent les tribus indigènes ? — 3. Parlez de l'industrie indigène. — ...de la grande industrie. — Que savez-vous de l'Union Minière du Haut Katanga ? — Quelles sont les principales mines exploitées ? 4. Comment les Noirs pratiquent-ils le commerce ? — Quels sont les produits exportés ? — ...importés ? — 5. Nommez les principales voies d'accès au Congo ? — 6. Quels sont les ports du Congo ? — 7. Quelle est la longueur des voies fluviales desservies par des services réguliers ? — Que savez-vous du service du Bas-Congo ? ...du Haut-Congo ? — Quels sont les lacs sur lesquels fonctionne un service régulier ? — 8. Que savez-vous des routes du Congo ? — 9. ...des chemins de fer en exploitation ? — ...des chemins de fer en construction ou en projet ? — 10. ...de l'aviation, de la télégraphie ?

Devoir écrit. — 1. *Exercice 26 du Cahier de Croquis.* — 2. *Nommez les provinces du Congo avec leur chef-lieu et les districts qu'elles forment.*

1. — **Village indigène dans une palmeraie.** — Les *huttes* congolaises sont toutes construites avec des matériaux empruntés au règne végétal. Elles sont rondes ou rectangulaires, avec un toit conique ou à double pente. Les villages sont formés de ces huttes rangées sur deux lignes ou dispersées dans la verdure. Les *palmiers à huile* croissent naturellement au Congo, cependant de grandes plantations ont été faites en plusieurs points, surtout dans l'Équateur et dans le Kasai, par la Société des Huileries du Congo.

SUPPLÉMENT D'ILLUSTRATION POUR LA BELGIQUE

1. — **La Grotte de Han**, comme la plupart des grottes des régions calcaires, résulte des cassures du sol agrandies par l'action dissolvante des eaux d'infiltration. C'est aussi à cette action des eaux que sont dues les stalactites qui pendent des voûtes et les stalagmites qui s'élèvent du sol à la rencontre des stalactites. Cette grotte célèbre se compose d'une suite de galeries et de salles dont la plus grande, dite Salle du Dôme, mesure 154 mètres de long, 140 mètres de large et 120 mètres de haut. La Lesse, qui traverse la grotte, en ressort à travers un vaste lac souterrain et sous une arche grandiose.

2. — **Malines**, vue en avion, nous montre ses maisons dominées par l'énorme tour inachevée, de 97 mètres de haut, de sa vieille église métropolitaine Saint-Rombaut, qui date du XIVᵉ siècle, et dont les fenêtres, de style ogival rayonnant, sont parmi les plus belles du genre. La ville a donné son nom à une spécialité de dentelle, dite *Point de Malines*. Elle fut, avant Bruxelles, le centre des chemins de fer de la Belgique, aussi les trains s'y croisent-ils presque incessamment et a-t-elle de nombreux ateliers de construction pour matériel de chemins de fer.

3. — **La Meuse à Huy**, comme dans toute la région de l'Ardenne, est bordée de pentes gracieuses où apparaissent de belles ruines anciennes et des châteaux modernes. L'énorme rocher, que couronne une massive citadelle aujourd'hui inutile, et au pied de laquelle l'église est bâtie, semble vouloir barrer le cours du fleuve, il oblige en effet à le contourner. Ce sont des obstacles analogues qui font décrire au fleuve de si nombreux détours.

4. — **L'Ourthe à Laroche.** — Dans son cours supérieur, durant la traversée de l'Ardenne, l'Ourthe se tortille au fond d'une vallée encaissée dont les bords, généralement boisés, montrent parfois des escarpements rocheux. C'est au pied d'un de ces escarpements, et sur une des nombreuses boucles de la rivière, qu'est bâtie la jolie petite ville de Laroche, que domine l'élégant clocher de son église et les ruines de son antique château.

5. — **Bouillon sur la Semois.** — La Semois est une rivière sinueuse qui, sur 75 km. en ligne droite, promène les replis tortueux d'un cours de 190 km. ; Bouillon, la principale ville bâtie sur ses rives pittoresques, s'allonge au fond d'une gorge étroite dominée par son antique château, berceau de Godefroid de Bouillon.

6. — **Malmédy**, petite ville de 5.000 habitants et chef-lieu d'un des districts nouvellement rattachés à la Belgique, occupe un des frais vallons qu'arrose la Warche, sous-affluent de la Meuse. Elle a des tanneries, des scieries et des papeteries qui travaillent les produits de cette région essentiellement pastorale et forestière.

1. — Paris, la capitale de la France, occupe les deux rives de la Seine qu'on voit ici au premier plan. Le dernier pont qui la traverse s'appuie sur l'extrémité de l'*Île de la Cité*, le berceau de Paris, où l'on distingue les deux tours de la cathédrale Notre-Dame, et la flèche aiguë de la Sainte-Chapelle construite au XIII° siècle, pour abriter la Sainte Couronne d'épines qu'on vénère aujourd'hui à Notre-Dame. Au centre se voient les bâtiments et la coupole de l'Institut de France. Tout au fond, à droite, sur la Montagne Sainte-Geneviève, le dôme imposant du Panthéon, dont les cryptes gardent les restes de plusieurs personnages célèbres à des titres divers.

2. — Cologne est un port fluvial sur le Rhin, qu'on traverse sur deux ponts métalliques de 400 mètres de long. Sa cathédrale, le *Dom*, commencée en 1218, et achevée seulement en 1880, est une des plus belles et la plus grande des églises ogivales. Elle a 140 mètres de longueur ; ses cinq nefs comptent plus de 100 colonnes, dont celles de la nef centrale ont 13 mètres de tour ; ses clochers de 160 mètres de haut sont les plus élevés du monde. Elle garde les reliques des saints rois Mages. Parmi les productions industrielles de la ville, celle qui jouit de la plus grande renommée, est sans contredit l'*eau de Cologne*, si employée en parfumerie.

3. — Vienne, la capitale de l'Autriche, s'étale dans la plaine de la rive droite du Danube. L'Hôtel de Ville, avec sa tour de 100 mètres de haut, au milieu de l'image, est un des plus beaux qui soient au monde. Le grand bâtiment de gauche, dont la partie centrale forme un portique à colonnes, est le Parlement.

4. — Prague occupe les deux rives de la Moldau, affluent de l'Elbe. Le Palais qui couronne la colline du dernier plan fut témoin de la *Défénestration de Prague* qui préluda à la Guerre de Trente ans. Le pont Charles qui figure ici, est porté par 15 piles et orné de 30 groupes et statues de saints.

5. — Zurich est bâtie dans un cirque de montagnes à la sortie du lac qui porte son nom. L'église de gauche, la cathédrale, est du XI° siècle ; celle de droite, du XIII° siècle. La ville est surtout industrielle : elle a des fabriques de soieries, de lainages et de cotonnades, des teintureries et des ateliers d'impressions sur étoffes ; elle possède aussi des tanneries et des papeteries qui travaillent les produits de cette région montagneuse, essentiellement pastorale et forestière.

6. — Madrid est assise à 650 mètres d'altitude, sur une colline du plateau de Castille. Elle possède quelques beaux monuments modernes. Cette image nous montre, au premier plan, la Grand Place entourée d'édifices classiques ; au second plan, à droite, le Palais Royal, imposante construction de granit et de calcaire, et à gauche, le camp du Maure, vaste forêt royale.

Imprimé par l'Institut Cartographique de Paris, 85 bis, rue Denfert-Rochereau

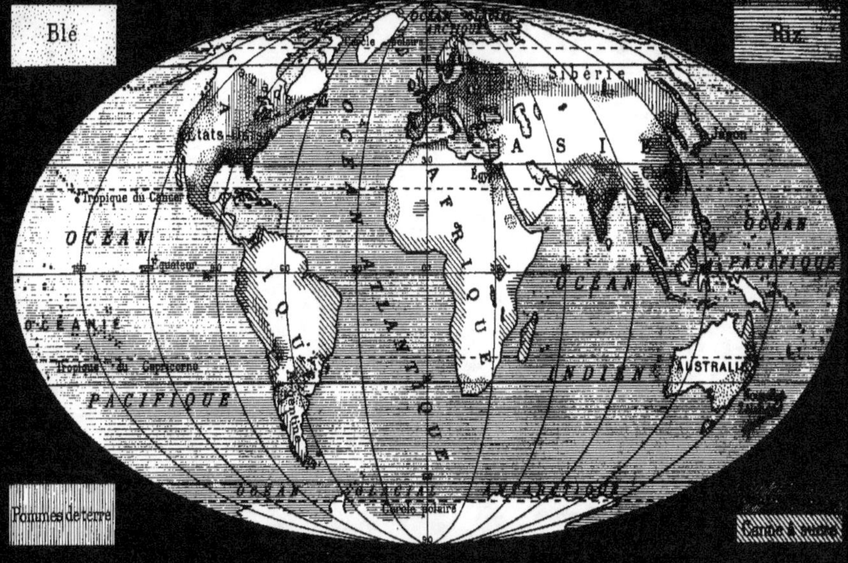

Janvier	Février	Mars	Avril	Mai	Juin	Juillet	Août	Septembre	Octobre	Novembre	Décembre
Chili Argentine	Inde	Égypte	Asie occidentale	Chine Japon Afrique du Nord	Europe méridionale États-Unis du Sud	Europe centrale États-Unis du Nord	Russie du Sud Sibérie Canada du Sud	Canada central Russie centrale Suède	Russie du Nord	Afrique du Sud	Australie Nouvelle- Zélande

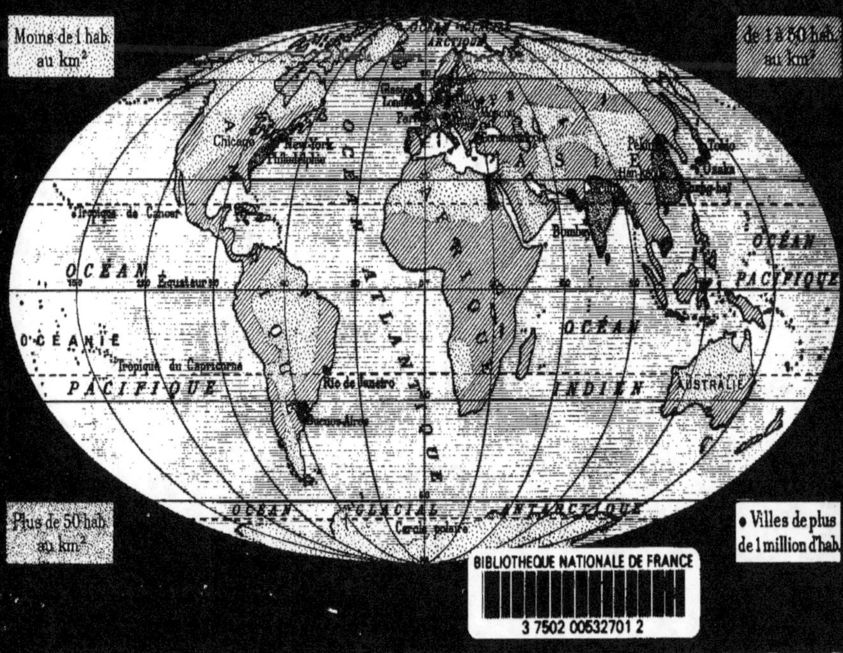